사장님이 알면

돈 버는
회계

사장님이 알면 돈 버는 회계

초판 1쇄 발행 2021년 4월 5일

지은이·최용규
발행인·안유석
책임편집·채지혜
마케팅·구준모
디자인·김경미 김남미

펴낸곳·처음북스   출판등록·2011년 1월 12일 제2011-000009호
주소·서울특별시 강남구 강남대로 364 미왕빌딩 14층
전화·070-7018-8812 팩스·02-6280-3032
이메일·cheombooks@cheom.net
홈페이지·www.cheombooks.net
페이스북·www.facebook.com/cheombooks
ISBN·979-11-7022-222-4 03320

기록만 잘 해도 돈을 벌 수 있다

사장님이 알면

돈 버는 회계

최용규 지음

처음북스

대다수의 사장님들이 회계는 어렵고 장부 작성은 귀찮은 것이라고 생각합니다. 회계는 생각만큼 어렵지 않고 장부 기록을 습관화하면 전혀 번거롭지 않습니다. 사업을 시작한 이유는 돈을 벌기 위해서입니다. 장부 기록이 습관이 되었다면 이제 사장님은 돈을 벌 준비가 된 것입니다.

언제부턴가 장부를 작성하는 것은 세무 대리인의 역할이라고 생각하고, 장부를 작성하기 위해서는 대단한 지식이 필요하다고 생각하는 사장님들이 늘어나기 시작했습니다. 많은 사장님들이 장부를 작성하는 것이 어렵다고 느껴 직접 해보려고 하지도 않고 세무 대리인에게 기장 대리를 맡기고 있습니다.

잠깐 과거로 돌아가 볼까요? 우리 어머니, 아버지들은 주판을 튕겨 가며

노트에 금전출납부와 유사한 형식으로 장부를 기록했습니다. 그 시절에는 세금신고라는 개념도 없었고, 간편장부대상자나 복식부기의무자라는 용어도 없었는데 말이죠. 장부 작성의 본질은 세금신고를 하기 위해서가 아니고 오늘 얼마큼 팔았는지, 또 지출은 얼마나 되는지, 그래서 얼마만큼의 돈을 벌었는지 알기 위해서입니다.

요즘 1인 사업장이 많이 늘어나는 추세입니다. 사업 규모가 영세하면 영세할수록 장부 관리에 소홀합니다. 그래서 어림짐작으로 이 정도 벌었겠구나 생각합니다. 많은 돈을 들여서 사업을 시작했는데 어림짐작으로 계산을 해서는 안 됩니다.

장부를 반드시 기록해야 합니다. 장부 작성을 통해서 매입, 매출, 이익을 파악해 오늘 얼마를 벌었는지, 이달엔 얼마를 벌었는지, 나아가서는 지난 한 해에는 어느 정도의 이익이 발생했는지를 알 수 있습니다.

요즘 식당에 가보면 포스기가 다 설치되어 있습니다. 아주 훌륭한 매출장부입니다. 클릭 한 번으로 일 단위, 월 단위, 연 단위 매출 집계가 가능하고 기간을 따로 설정할 수도 있습니다. 카드 매출, 현금 매출, 기타 매출의 구분이 가능하기에 더없이 좋은 장부입니다. 포스기를 쓰고 있는 사업장은 매출장부를 쓸 이유가 없습니다. 매입장부만 기록하면 됩니다.

매출장부에는 번 돈을 날짜별로 기록하고, 매입장부에는 벌기 위해 쓴 돈을 날짜별로 기록합니다. 그리고 매달 합계 금액을 별도로 기재합니다.

그러면 번 돈의 합계 금액, 벌기 위해 쓴 돈의 합계 금액이 나옵니다. 이익
은 번 돈에서 벌기 위해 쓴 돈을 빼면 계산할 수 있습니다.

개인사업자의 세금을 계산하는 방식도 동일합니다.

번 돈 - 벌기 위해 쓴 돈

부가가치세는 번 돈을 매출세액, 벌기 위해 쓴 돈을 매입세액이라는 용
어로 표현합니다. 종합소득세는 번 돈을 수입금액이라고 표현하고, 벌기
위해 쓴 돈을 필요경비라고 표현합니다.

부가가치세 = 매출세액 - 매입세액
종합소득세 = 수입금액 - 필요경비

장부를 매일 기록하여 번 돈, 벌기 위해 쓴 돈을 파악하고 있고, 매달 집
계를 해두었다면 세금신고를 할 때 매우 편리합니다. 절세는 덤입니다. 매
일 기록을 해두었으므로 누락되는 일이 훨씬 줄었기 때문입니다.

세금신고를 하기 위해서 장부를 작성하는 것은 아니지만, 장부 작성을
하면 세금신고가 편해집니다. 사장님이 생각하는 만큼 장부 작성은 어렵
지 않습니다.

이제 저와 같이 하나하나 살펴봅시다.

1장 개인사업자의 회계

2장 개인사업자의 장부

3장 개인사업자의 세금신고

4장 개인사업자의 절세

1장

개인사업자의 회계

회계를 하는 목적

대부분의 사람들은 보고 싶은 것만 보고, 듣고 싶은 것만 듣고, 하고 싶은 것만 하고 살아갑니다. 하기 싫고 익숙하지 않은 것은 저평가되고 심지어는 안 하게 되지요. 이러한 경향을 심리학에서는 '확증편향'이라고 부릅니다.

혹시 숫자만 보면 머리가 아픈가요? 만약 당신이 사업을 하고 있다면 숫자와 친해져야 합니다. 나아가 세무, 회계와도 친해져야 합니다. 정말 다행인 것은 중학생 정도의 지식수준만 있으면 된다는 것입니다. 너무 머리 아파할 필요는 없습니다.

언어가 없다면 상대와 소통이 불가능합니다. 회계를 비즈니스 언어라고 하기도 합니다. 상대가 구사하는 비즈니스 언어를 모른다면, 세무 대리인이 작성한 재무제표를 읽지 못한다면 어떨까요? 중학생 수준의 지식만 갖고 있어도 자신이 고용한 세무 대리인과 원활한 소통이 가능하고, 더 나아가 회계기준에 의해 경영 활동을 기록 및 관리하고, 그 결과를 토대로 경영 상태와 경영 실적을 파악하여 더 많은 수익을 창출할 수 있습니다.

회계는 회사와 관련된 이해관계자가 합리적인 의사 결정을 할 수 있도록 회사의 경영 활동을 객관적인 숫자로 표시하여 알려주는 것입니다. 간단히 요약하면 경영의 성과를 숫자로 요약한 것인데, 이를 토대로 이해관계자들과의 소통이 이루어집니다.

회사의 이해관계자는 누구일까요? 투자자, 채권자, 회사의 경영자, 임직원, 정부, 거래처, 고객 등이 여기에 속합니다. 이러한 이해관계자들이 숫자로 표현되는 회계 처리를 통해서 회사의 경영 흐름을 보다 쉽고 객관적으로 파악할 수 있도록 하는 것이 회계의 목적입니다. 그래서 회계는 회사와 이해관계자들의 가장 합리적인 소통 수단이라 할 수 있습니다.

회계는 숫자로 표현되므로 계량화된 목표치를 설정할 수도 있습니다.

이러한 회계 고유의 목적이 있음에도 불구하고 대부분의 회계 담당자는 세무신고를 하거나, 회계감사를 대비하고 회계자료를 공시하기 위한 목적으로만 회계를 활용하고 있습니다. 그렇다고 이것을 회계 담당자만 탓할 수도 없습니다. 회계를 제대로 알고 이를 토대로 소통을 할 때 비로소 회계는 본래의 기능을 다 할 수 있습니다. 그렇기에 회계의 1차 고객은 이해관계자들이 됩니다.

개인사업자의 경우 이해관계자는 많지 않습니다. 투자를 받지 않았다면 경영자가 곧 이해관계자입니다. 그러므로 세무 대리인이 작성한 재무제표를 볼 줄 알고 그것을 토대로 문제점을 분석한 후 해결하는 것이 회계의 목적이 됩니다. 제가 이 책을 쓴 이유이기도 합니다.

많은 사장님들이 숫자는 중요하게 생각하지만 회계는 어렵다고 치부해 버립니다. 회계는 세무 대리인이 하는 일이고 경영의 영역은 아니라고 생각합니다. 사업을 하는 목적은 이익을 내기 위해서입니다. 회계를 모르고서는 이익을 낼 수가 없습니다. 회계의 숫자는 사업을 함에 있어 목표에 도달하는 이정표의 기능을 합니다. 회계는 전문가의 영역이 아니라 개인사업자라면 꼭 알아야 하는 업무입니다.

회계의 종류

회계의 핵심은 고객의 입장에서 재무제표를 보는 것입니다. 개인사업자는 세무 대리인이 작성한 재무제표를 볼 줄 알아야 합니다. 회계정보는 재무제표라는 양식으로 표현되는데 재무상태표(대차대조표)와 손익계산서가 대표적인 양식입니다. 재무상태표는 회사의 재무상태를 알려주고, 손익계산서는 회사의 경영성과가 어느 정도인지를 알려줍니다.

이러한 재무제표는 철저히 고객(각 이해관계자)에게 재무상태와 경영성과를 어떻게 하면 잘 보여줄 수 있을지의 관점에서 작성되어야 합니다. 그래야 회계의 본래 목적인 소통의 도구가 될 수 있습니다.

만약 어떤 관점에서 접근을 해야 할지 모르겠다면 철저히 사장님의 입장에서 생각해도 됩니다. 사장님이 원하는 정보를 어떻게 한눈에 파악할 수 있도록 할지 고민해야 합니다. 회계는 과학이기 이전에 상식적인 접근이 먼저입니다.

회계 본래의 목적은 고객과의 소통입니다. 고객은 숫자로 표현된 언어를 통해 합리적인 선택을 할 수 있고 때로는 중요한 의사 내리기도 합니다.

"올해 매출은 얼마이고, 내년 예상 매출은 얼마를 책정할까? 그에 따른 비용은 매출액의 몇 퍼센트로 산정할까?"

이것은 손익계산서와 관련된 내용으로 당연히 많은 가정과 추정이 내포될 수밖에 없습니다. 가정을 세우고 시뮬레이션을 해서 원하는 답을 찾아가야 합니다. 회계의 본래 목적이 흐려지면 단순한 숫자놀음이 될 뿐입니다.

회계는 재무회계, 관리회계, 세무회계로 분류됩니다. 그런데 많은 사장님들이 개인사업자의 회계라고 하면 세무회계만 머리에 떠올립니다. 회계의 목적은 세금신고가 될 수 없습니다.

그렇다면 왜 장부를 적어야 할까요? 그 이유는 세금신고가 아니라 돈을 잘 벌고 있는지를 알기 위해서입니다. 돈을 버는 회계, 관리회계에 관심을 가져야 합니다. 마이크로소프트 전 CEO 스티브 발머는 2014년에 은퇴한 후 스타트업을 시작하는 사람들에게 세 가지 조언을 하였습니다. 첫째는 리더십의 구현, 둘째는 인재 선발의 중요성, 마지막으로 셋째는 관리회계의 중요성이었습니다.

관리회계를 하기 위해서는 장부 작성이 필수입니다. 장부를 잘 기록해 결산을 하고, 결산을 통해서 이익을 창출해야 합니다. 관리회계는 적자를 흑자로 전환시켜주는 마법의 열쇠와도 같습니다. 관리회계를 하기 위해서 장부를 작성했는데 세금신고까지 수월해진다면 장부를 작성하지 않을 이유가 전혀 없습니다.

지금부터 하나하나씩 살펴보겠습니다.

자산 = 부채 + 자본

자산은 팔아서 이익이 되는 모든 것과 권리입니다. 기업의 자산 총량은 그 자산에 대한 청구권과 일치합니다. 조금 쉽게 표현하면 기업의 자산 총계는 투자자의 지분과 채권자의 청구금액 합계입니다.

자산은 기업이 이익을 내기 위해 사들인 것들의 총량입니다. 자산을 사기 위해서는 돈이 필요한데 가진 돈이 부족하면 은행이나 다른 사람에게 돈을 빌려야 합니다. 자산은 자본(내 돈)과 부채(남의 돈)의 합이므로 팔아서 돈이 되는 자산을 누구의 돈으로 샀는지 구별해야 합니다.

회계등식은 재무상태표의 가장 큰 카테고리인 자산이 부채와 자본으로 구성되어 있으며, 부채와 자본이 어느 정도의 비율을 차지하고 있는지 보여주는 계산식으로 다음과 같습니다.

자산 = 부채 + 자본	
자산 (100억 원)	부채(40억 원)
	자본(60억 원)

위의 재무상태표를 읽으면 40억 원의 부채와 60억 원의 자본을 가진 기업의 자산은 100억 원입니다.

부채는 갚아야 할 빚입니다. 재무상태표의 부채 항목은 유동부채와 비유동부채로 구분됩니다. 이 둘은 상환 시점으로 구분되는데 1년 안에 갚아야 할 부채는 유동부채(매입채무, 미지급금, 선수금, 예수금, 미지급비용, 단기차입금, 유동성장기차입금 등), 상환 시점이 1년 이상인 부채는 비유동부채(충당부채, 퇴직급여충당부채 등)라고 합니다.

유동부채 항목

- **매입채무**: 거래처에서 구입한 상품을 외상으로 거래하여 갚지 못한 대금
- **미지급금**: 상품이나 제품을 뺀 용역, 서비스에 대해 지불해야 할 금액
- **선수금**: 현금이 아니라 용역이나 서비스로 지급하는 부채(거래처에서 미리 지급한 선급금으로 회사는 앞으로 제공해야 할 용역과 서비스가 남아

있을 때 이를 부채로 보고 선수금으로 기록합니다.)

- **예수금**: 신원보증금처럼 임시로 보관하는 금액
- **미지급비용**: 지급할 의무가 확정되지 않은 부채(보험료라고 이해하면 됩니다. 보험 혜택 기간과 돈을 줘야 할 날짜가 다를 경우 부채로 기록합니다.)

단기차입금, 장기차입금, 유동성장기차입금은 은행, 각종 금융기관 등에서 빌려온 돈을 말합니다.

비유동부채 항목

- **충당부채**: 앞으로 손실이 발생할 것이 확실한 경우에 대비해 미리 장부에 기록하는 금액
- **퇴직급여충당부채**: 근로기준법이나 회사의 사규에 의하여 종업원의 퇴직 시에 지급할 퇴직금을 충당하기 위하여 설정하는 금액

같은 부채라도 매입채무와 선수금 등은 다른 시각으로 봐야 할 필요가 있습니다. 매출액이 증가하면서 매입채무와 선수금의 규모가 늘어나고 그에 따라 부채 총합이 증가하였다면, 부채가 늘었어도 위험한 기업이라고 할 수는 없습니다.

가령 동네 치킨집 사장님이 재무제표를 기록할 경우 매입채무는 생닭을

공급하는 유통회사에 줘야 할 재료비이고, 차입금은 치킨집을 시작할 때 은행에서 빌린 보증금을 말하며, 미지급금은 인테리어 비용의 일부를 주지 않았을 때 생기는 비용이고, 미지급비용은 식당의 화재보험 비용 중 내년도 금액을 미리 빼놓은 금액입니다. 선수금은 단골 고객이 직원들 회식비의 성격으로 미리 지급한 비용이며, 예수금은 지역 축제에 사용되는 설비를 빌려주고 설비를 받지 못할 경우를 대비해 보증금 형식으로 받은 돈이고, 충당부채는 3~4년간 식당을 운영하면서 받지 못한 외상금이 매년 전체 매출의 2% 정도 발생한 것으로 예상되어 미리 장부에 반영한 것을 말합니다.

사업을 시작할 때, 내가 가지고 있었던 돈을 납입자본(자본금)이라고 합니다. 그 외 자본은 사업을 하며 벌어들인 돈과 주주로부터 투자받은 돈으로 구분됩니다. 기업은 사업을 통해 벌어들인 돈을 주주에게 배당하기도 하지만 상당 부분을 재투자하거나 적립합니다.

스스로 벌어 자산을 확충하는 투자는 이익잉여금 항목에 해당합니다. 쉽게 표현하자면 이익을 재투자한 기록이고, 사업 개시일부터 현재까지 회사가 번 이익의 총합으로 이해하면 됩니다.

자본잉여금은 자본 거래에 의해 생기는 잉여금으로, 회사의 주식 거래로 인한 변화를 기록한 항목입니다. 회사가 새로 주식을 발행해서 투자금이 유입될 경우에 사용합니다. 주식발행초과금은 회사가 주식을 발행했을 때 주식 액면가와 실제 발행가의 차이를 나타내는 항목입니다.

치킨집 사장님의 예를 다시 든다면, 자본금은 임대보증금, 인테리어 비용 등 식당을 시작하는 데 지출된 돈 2억 원 중 내가 낸 1억 원이고, 자본잉여금은 식당을 확장할 목적으로 친구에게 투자받은 1억 원이며, 이익잉여금은 1년 후 모든 비용을 제하고도 남은 5천만 원이라고 생각하면 됩니다.

자본은 부채에 비해 책임이 덜합니다. 돈을 빌려준 채권자는 경영 손실에 상관없이 부채의 상환을 요구할 수 있습니다. 그러나 주주는 적자로 인한 손해를 함께 부담해야 합니다. 만약 회사가 부도날 경우 주주보다 채권자가 더 보호를 받습니다.

재무제표의 종류

재무제표에서 중요한 네 가지가 있습니다. 바로 재무상태표, 손익계산서, 현금흐름표, 주석입니다.

재무상태표는 재무제표 중에서 가장 중요한 표로, 예전에는 대차대조표라고 불렀습니다. 오른쪽(대변)은 자금의 조달 원천인 자본과 부채를 나타내고, 왼쪽(차변)은 조달한 자금을 어떻게 사용했는지 나타냅니다. 좌우의 금액은 항상 일치해야 합니다.

재무상태표는 기업의 자산, 부채, 자본의 상태를 보여줍니다. 세부적으로는 유동자산, 비유동자산, 유동부채, 비유동부채, 납입자본 등 재무상태에서 무엇이 얼마큼 차지하는지 확인할 수 있습니다. 또한 기업의 사업 개시일부터 현재까지 누적된 자산, 부채, 자본의 현황을 보여줍니다.

◎ 재무상태표

＊단위 : 억원, %, 배, 천주　＊분기 : 순액기준

항목	2015/12 (IFRS연결)	2016/12 (IFRS연결)	2017/12 (IFRS연결)	2018/12 (IFRS연결)	2019/12 ⊕ (IFRS연결)	전년대비 (YoY)
자산총계	1,930.1	1,893.1	2,062.0	2,295.3	2,636.0	14.8
유동자산	988.9	900.9	945.2	1,127.5	1,330.0	18.0
⊞ 재고자산	190.9	226.2	227.0	195.6	275.4	40.8
유동생물자산						
당기손익-공정가치 측정금융…						
기타포괄손익-공정가치 측정…						
상각후원가측정유가증권						
상각후원가측정금융자산						
⊞ 단기금융자산	265.2	248.2	164.1	291.9	118.0	-59.6
⊞ 매출채권및기타채권	280.4	289.9	330.1	386.4	613.9	58.9
당기법인세자산(선급법인세)	0.0	0.8	0.0	0.1	0.0	-75.4
계약자산						
반품(환불)자산						
배출권						
⊞ 기타유동자산	34.1	30.4	20.7	36.0	58.2	61.5
현금및현금성자산	218.4	105.4	203.3	217.5	264.6	21.6
⊞ 매각예정비유동자산및처분…						
비유동자산	941.2	992.2	1,116.8	1,167.7	1,306.0	11.8
⊞ 유형자산	607.1	669.9	795.5	851.5	944.3	10.9
⊞ 무형자산	148.2	130.0	130.5	127.8	131.5	2.9
비유동생물자산						
⊞ 투자부동산	20.1	19.3	18.6	17.9	17.2	-4.0

기업의 크기와 사업의 규모를 비교할 때도 재무상태표를 이용하면 됩니다. 대개의 경우 전체 규모는 자산총계를 사용하지만, 재무적인 각 요소(유형자산, 부채총계 등)를 따로 견주어 보거나, 기업이 가진 재무 요소들의 구성비(부채비율, 유동비율)를 계산할 때도 재무상태표를 활용합니다.

◎ 손익계산서

항목	2015/12 (IFRS연결)	2016/12 (IFRS연결)	2017/12 (IFRS연결)	2018/12 (IFRS연결)	2019/12 ➕ (IFRS연결)	전년대비 (YoY)
➕ 매출액(수익)	1,322.2	1,267.1	1,857.5	1,844.3	1,914.9	3.8
*내수					1,215.2	
*수출					824.7	
➕ 매출원가	1,116.8	1,153.1	1,380.6	1,392.5	1,393.6	0.1
매출총이익	205.4	114.0	476.9	451.8	521.3	15.4
➕ 판매비와관리비	200.2	240.6	248.7	303.4	314.7	3.7
영업이익	5.2	-126.5	228.2	148.3	206.6	39.3
➕ *기타영업손익						
영업이익(발표기준)			228.2	148.3	206.6	39.3
*[구K-IFRS]영업이익						
➕ 금융수익	58.5	42.7	28.2	89.1	97.1	8.9
➕ 금융원가	36.4	30.7	50.5	71.6	77.4	8.1

손익계산서란 지난 1년 동안 회사의 손해와 이익을 기록한 재무제표입니다. 계산서라고 표현한 이유는 회사의 수익인 매출에서 각종 비용을 전부 빼고 난 후 최종이익을 보여주기 때문입니다.

간단한 공식으로 표현을 하면 '수익(매출) − 비용(매출원가, 판매 및 관리비 등) = 이익'이 됩니다.

재무상태표가 회사의 자산이 얼마나 되는지 보여준다면, 손익계산서는 회사가 얼마나 이익을 내고 있는지를 보여줍니다.

회사는 현금으로 원재료를 사고 직원들에게 급여를 지급하기에 현금은 매우 중요합니다. 회사를 운영하다 보면 외상거래에 의해 거래처에서 대금을 정해진 날짜에 지급받지 못하는 경우도 있습니다.

◎ 현금흐름표

항목	2015/12 (IFRS연결)	2016/12 (IFRS연결)	2017/12 (IFRS연결)	2018/12 (IFRS연결)	2019/12 ➕ (IFRS연결)	전년대비 (YoY)
영업활동으로인한현금흐름	33.6	117.3	256.6	280.7	102.4	-63.5
당기순이익	23.8	-137.9	168.9	128.0	159.9	24.9
법인세비용차감전계속사업…						
➕ 현금유출이없는비용등가산	195.0	235.0	233.1	262.8	297.4	13.2
➕ 현금유입이없는수익등차감	23.7	13.5	9.5	6.7	9.5	41.9
➕ 영업활동으로인한자산부채…	-136.5	40.1	-125.6	-68.2	-288.4	-322.8
*영업에서창출된현금흐름	58.6	123.8	266.9	315.9	159.4	-49.5
이자수입	7.4	4.9	0.9	4.1	7.8	90.5
이자지급(-)	-7.8	-5.7	-6.2	-6.0		
배당금수입	8.9	1.2	1.3	1.3		
배당금지급(-)					-4.1	
법인세환입						

　회사는 현금흐름표를 통해서 회삿돈의 흐름을 관리하므로 기업 자신을 위해 만드는 재무제표라고 할 수 있습니다. 그렇기에 회사의 사정을 그대로 보여줍니다. 경영 성과가 좋은 기업이 단기간 흔들리는 경우에는 현금흐름을 소홀히 했을 가능성이 높습니다. 현금흐름표는 현금주의에 가까운 표입니다. 발생주의로 만든 재무상태표와 손익계산서상에서 살피지 못한 돈의 흐름을 현금흐름표를 통해 확인할 수 있습니다.

　주석은 재무제표를 이해하는 데 중요한 정보를 제공합니다. 숫자를 설명해주는 기업 정보를 담고 있기도 합니다. 재무제표가 첨부된 감사보고서를 열어보면 '페이지마다 첨부된 재무제표에 대한 주석은 본 재무제표의 일부입니다'라는 문구가 보일 것입니다.

주석은 재무제표상의 계정과목 금액(요약된 재무제표에는 모든 요소의 합계 금액이 표기되어 있습니다)에 번호를 붙이고 난외 또는 별지에 동일한 번호를 표시하여 그 내용을 설명합니다. 재무제표 안의 숫자는 수십만 건의 거래를 모아 놓은 합계입니다. 그 의미를 구체적으로 이해하려면 주석 없이는 불가능하므로 재무제표의 분량 비중에서도 주석은 90% 이상을 차지합니다.

자주 쓰는 회계 단어

발생주의 회계에서는 현금의 수입이 없어도 회계기준상 수익 인식 기준에 부합하면 수익으로 기록하고, 현금의 지출 없이도 회계기준상 비용 인식 기준에 부합하면 비용으로 기록합니다. 현금의 수입과 지출을 수익과 비용으로 인식하지 않고 발생주의 회계를 통해 수익과 비용으로 인식하기 때문에 재무제표를 이해하기가 어려워집니다.

재무제표는 보고서입니다. 단지 소통의 도구일 뿐입니다. 낯선 용어와 어지러운 숫자들의 조합으로 보이지만 자세히 보면 반복되는 용어들이 있습니다. 계정과목의 앞뒤로 자주 나오는 단어들의 뜻만 알아도 재무제표를 보기가 한결 쉬워집니다.

예를 들어 유동과 비유동이란 단어는 1년 기준으로 나뉩니다. 1년 안에 돈이 들어오면 (혹은 갚아야 하면) 유동, 1년 이상 걸리면 비유동이란 단어가 붙습니다. 이를 이해하면 유동자산은 1년 안에 팔 수 있는 자산이란 말이고, 비유동자산은 최소 1년이 지나야 팔 수 있는 자산을 의미합니다. 유동부채는 1년 안에 갚아야 할 빚이고, 비유동부채는 1년이 지난 후에 갚아도 되는 부채를 의미합니다.

충당이라는 단어도 많이 나옵니다. 충당은 '모자란 것을 미리 채워 놓는다'로 이해하면 됩니다.

대손충당금을 풀이해보면 떼일 것으로 예상되는 외상대금을 미리 채워 놓은 금액을 의미합니다.

이연이라는 단어는 '내년으로 시기를 넘긴다'로 이해를 하세요. 따라서 이연부채는 '내년으로 넘어가는 빚'이라는 의미입니다.

이 밖에도 당기는 '이번 기에', 미지급은 '아직 주지 않은', 미수는 '아직 받지 못한', 선수는 '미리 받은', 상각은 '보상하여 갚는', 손상은 '가치가 낮아진다'를 의미합니다.

이처럼 자주 쓰는 회계 단어를 알고 계정과목을 읽으면 쉽게 이해가 됩니다.

계정과목

초보 사장님들이 회계 프로그램을 구입해서 장부관리를 하는 경우 계정 과목이 자동으로 선별되는 것으로 착각하는 경우가 많습니다. 현재까지 자동으로 계정과목을 선별해주는 회계 프로램은 없으며 실무자가 직접 선별해야 합니다. 따라서 자주 쓰는 계정과목 정도는 숙지하는 것이 좋습니다.

계정과목은 회계원칙에 따라 항목을 분류한 임의적인 약속이기에 법적 근거나 강제성을 갖지는 않습니다. 회사의 사정에 따라 계정을 통합하여 사용해도 되고 세분화할 수도 있습니다. 마땅한 계정과목이 없을 경우에는 새로 만들어도 무관합니다.

꼭 지켜야 할 사항은 한 번 정한 계정과목을 선택하여 사용한 경우에는 지속적으로 사용을 해야 결산 시에 항목별로 정확한 집계가 가능합니다.

계정과목을 선택할 때는 회계상의 거래를 가장 잘 나타낼 수 있는 것으로 결정해야 합니다. 그 계정과목을 보고 어떤 일이 발생했는지 알 정도로 거래의 실질 내용이 잘 반영된 것을 선택해야 합니다.

그런데 계정과목은 회사 내부에서만 사용하는 것이 아니라 외부에 발표되는 재무제표에서도 사용되므로 계정과목은 일정한 기준에 따라서 설정합니다. 그 기준을 제공해주는 것이 '기업회계기준'입니다. 그러므로 기업회계기준에 규정된 계정과목을 우선해서 사용해야 합니다. 계정과목은 단순해야 하고 계정과목 하나에 성질이 다른 항목을 함께 기록하면 안 됩니다. 계정과목은 단순히 암기하기보다는 반복적인 사례를 통해서 자연스럽게 익히는 것이 좋습니다.

일반적인 계정과목의 설정 원칙으로 기업회계기준에 규정된 계정과목을 우선적으로 사용해야 하고, 계정과목은 계정의 성격을 명확히 표시해야 합니다. 임대인의 입장에서는 임차보증금을 받는데 임차보증금은 나중에 돌려줄 돈이므로 부채로 잡고, 임차인은 나중에 돌려받을 돈이므로 자산이 됩니다. 동일한 거래에 대해서 서로의 계정과목이 달라지는 것이지요.

다음은 주로 사용하는 계정과목의 예시입니다.

◎ 대표적인 수익·비용 계정과목

분류	계정과목	내용
수익	상품매출	상품을 팔아서 받게 될 돈
	이자수익	빌려준 돈에 대한 이자
비용	급여	직원에게 지급한 돈
	지급임차료	사무실 등을 임차해 지급한 돈
	여비교통비	출장비, 숙박비, 교통비 등으로 지출한 돈
	통신비	전화요금, 우편요금, 인터넷요금 등
	수도광열비	전기요금, 수도요금 등
	접대비	영업을 위해 영업 상대방에게 지출한 비용
	광고선전비	광고를 위한 각종 홍보, 광고물 제작비
	세금과공과	각종 영업단체 회비, 차량재산세 등
	수선비	기계장치 등의 수리비
	잡비	그 외 금액이 적고 자주 발생하지 않는 지출

재무제표 읽기

개인사업자 중에서 복식부기의무자로 구분되면 종합소득세 신고 시 재무제표를 제출해야 합니다. 그런데 회계지식이 부족하면 장부를 기장할 엄두가 나지 않습니다.

어릴 적 수업을 떠올려 볼까요? 우리는 국어 과목을 처음 배울 때 읽기를 먼저 배웠습니다. 그리고 쓰기를 배웠지요. 마찬가지로 재무제표 역시 읽기부터 배워야 합니다. 세무 대리인을 고용 중이더라도 종합소득세를 신고하기 전에 1년 단위의 재무제표를 확인할 정도의 지식은 있어야 합니다. 만약 잘못된 점이 있다면 신고를 하기 전에 이유를 찾아서 수정해야 합니다. 세무 대리인에게 맡긴다고 절세가 되는 것이 아닙니다. 절세에 대해 알아야 가능한 것입니다.

투자를 생각하고 있다면 재무제표를 잘 읽기 위해 꼭 체크해야 할 사항이 있습니다.

먼저 회사의 주인(대주주)은 누구이고 지분율은 얼마인지 확인해봐야 합니다. 재무상태표에서는 자산총계와 부채비율을 확인해야 합니다. 매출액 중 특수 관계자 거래 비중이 높다면 주의해야 합니다. 법적 다툼이 벌어지고 있다면 소송액이 얼마인지 확인하는 것이 필수입니다. 손익계산서에서 매출액, 영업이익, 당기순이익은 최소 3년 이상 살펴봐야 하며, 숫자보다는 변화의 추이를 잘 봐야 합니다.

개인사업자라면 종합소득세 신고를 하기 전에 세무 대리인이 작성한 재무제표를 미리 받아서 증빙의 누락은 없는지, 실수한 부분은 없는지 살펴봐야 합니다. 많은 사장님들이 세무 대리인을 고용하고 있음에도 신고 전 검증은 하지 않고 납부금액만 보고받아 세금을 납부합니다. 재무제표를 볼 줄 모른다면 검증 자체를 할 수도 없습니다.

'요번 종합소득세는 왜 이렇게 많이 나온 거야. 세무 대리인을 바꿔야겠군.'

세무 대리인은 전달받은 증빙을 토대로 장부를 적고 세금신고를 합니다. 증빙이 많으면 세금이 내려가고 증빙이 적으면 세금이 올라가는 구조입니다. 세금이 많이 나온 것은 세무 대리인의 능력과는 별개의 문제입니다. 그들은 단순히 대리업무만 하기 때문입니다.

개인사업자는 딱 재무제표를 검증할 정도의 지식만 있으면 됩니다.

조금 더 욕심을 내어보면 결산한 재무제표를 통해서 경영은 제대로 하고 있는지, 불필요한 비용이 지출되고 있는지, 이익을 더 창출할 방법은 없는지도 따져봐야 합니다.

'전문가가 알아서 해주겠지'라는 발상은 위험한 생각입니다. 그들도 전문가이기 이전에 사람입니다. 사람은 누구나 실수를 할 수 있고 사장님이 세무·회계 지식이 없다면 실수를 발견할 수 없습니다. 그런 실수들은 고스란히 사장님이 추가로 납부해야 할 세금이란 부메랑이 되어 돌아옵니다.

현금흐름표를 읽을 줄 안다면 현금흐름의 패턴에 따라 기업의 성장 단계별로 기업의 상태를 분석할 수 있습니다.

◎ 현금흐름의 패턴으로 본 기업의 상태 분석

구분	영업활동	투자활동	재무활동
초기 기업	-	-	+
성장 기업	+	-	+
우량 기업	+	-	-
쇠퇴 기업	+	+	-
위험 기업	-	+	+
위험 기업	-	+	-

마이너스는 현금이 나간다는 의미이고, 플러스는 현금이 들어온다는 의미입니다.

초창기 기업은 매출을 늘리기 위한 목적으로 자산을 구입하기 위해 은행의 대출을 일으킬 단계이니 영업활동과 투자활동은 마이너스, 재무활동은 플러스의 현금흐름을 보입니다.

성장 기업과 우량 기업은 영업활동을 통해 현금을 벌어들이니 플러스, 적극적으로 투자하니 투자활동은 마이너스, 투자활동을 위해 은행에서 대출을 받을 경우 재무활동은 플러스가 됩니다.

쇠퇴 기업은 영업활동이 플러스로 조금은 벌고 있고, 더 이상의 투자는 없기 때문에 투자활동도 플러스, 부채를 갚고 있기 때문에 재무활동은 마이너스가 됩니다.

위험 기업은 수익이 줄기에 영업활동이 마이너스, 투자를 하지 않고 투자된 자산을 팔고 있어 투자활동은 플러스, 그럼에도 은행에서 돈을 계속 빌리는 상황이라 재무활동이 플러스를 보입니다(종국에는 더 이상 은행에서의 대출이 불가능하므로 재무활동은 마이너스가 됩니다).

경영 활동이 좋지 않은 기업도 재무상태표나 손익계산서는 고의로 조정할 수 있지만, 2~3년 이상의 현금흐름은 쉽게 바꾸지 못합니다. 영업활동의 현금흐름이 장기간 마이너스인 회사는 상태가 좋지 않다고 봐도 무방합니다.

간혹 '흑자부도'라는 말을 들어보셨을 겁니다. 기업의 현금흐름은 외상거래를 비롯해 투자, 대출 등 매우 복잡한 구조이며 자칫 줄 돈과 받을 돈의 시기를 조율하지 못하면 심각한 결과를 초래하기도 합니다.

재무제표는 발생주의 시각에서 기록하기에 실제 현금흐름과 일치하지 않기 때문에 이를 보완하기 위해서 만든 장부가 현금흐름표입니다.

돈은 돌고 돕니다. 이러한 모든 돈을 단지 합산하는 것만이 아니라 재무활동과 관련된 현금 거래, 투자를 위해 움직이는 현금, 영업에서 벌어들인 현금을 구분해야 합니다. 재무제표가 정확한지 확인할 때도 장부상 현금과 실제 현금 잔액을 맞춰보는 것이 중요합니다. 영업이익과 당기순이익이 흑자이더라도 현금흐름이 수년째 마이너스를 기록하고 있다면 위험한 신호입니다.

현금흐름표에는 영업활동으로 인한 현금흐름, 투자활동으로 인한 현금흐름, 재무활동으로 인한 현금흐름이 나타나고 기말의 현금 잔액이 표시됩니다.

영업활동의 현금흐름은 많을수록 좋습니다. 손익계산서의 영업이익은 몇 년째 플러스인데 영업활동 현금흐름은 계속 마이너스를 기록한다면 심각한 상황이 올 수도 있으니 주의 깊게 살펴봐야 합니다. 매출은 계속 발생하는데 수금이 되지 않는 경우에 이런 현금흐름을 보입니다. 수년째 이런 흐름이라면 매우 주의를 기울여야 합니다.

투자활동의 현금흐름은 재무상태표의 자산과 관련이 있습니다. 자산을 구입하면 현금흐름은 마이너스, 자산을 팔면 현금흐름은 플러스가 됩니다. 영업 성장을 홍보하는 회사가 투자활동의 현금흐름이 플러스이면 앞뒤가 맞지 않는 경우이니 주의 깊게 봐야 합니다.

재무활동의 현금흐름이 마이너스이면 빚을 갚고 있다는 것이고, 플러스이면 대출을 받은 상황입니다. 재무상태표의 부채 항목(차입금 등)과 관련이 있습니다.

기업의 경영상황이 악화되면 은행은 기업의 대출을 줄이고 받을 돈을 빨리 회수하려고 합니다. 이런 경우에는 재무활동의 현금흐름이 급격하게 줄어들게 됩니다. 정상적으로 빚을 상환하는 경우와는 확연히 다릅니다.

현금흐름표에서 갑자기 큰 금액의 현금이 보이면 주의 깊게 살펴봐야 합니다. 그 금액이 나온 이유를 다른 재무제표를 통해 반드시 확인해야 합니다. 현금흐름으로 기업의 성장과 문제점의 징후를 발견할 수도 있습니다.

재무제표 사용설명서

재무상태표, 손익계산서, 현금흐름표는 모두 표로 작성되어 있고, 계정과목을 제외하면 전부 숫자입니다. 재무상태표가 시작되는 앞장에는 회사의 소재지, 대표이사 이름, 재무제표 발행 기준으로 현재까지 기업의 나이를 알 수 있습니다.

재무상태표를 볼 때 꼭 체크해야 할 사항은 다음과 같습니다.

- **자산총계**: 자산총계를 통해 회사의 규모를 알 수 있습니다.
- **부채총계와 부채비율**: 기업의 부채비율(부채총계 / 자본총계)이 200% 이상이면 위험하다고 봅니다. 내 돈보다 남한테 빌린 돈이 두 배 많다고 판단하면 됩니다.

- **자본총계**: 이익잉여금만큼 실제로 현금이 있는 것은 아니지만, 창업을 하고 현재까지 누적된 이익을 볼 수 있고, 이익잉여금의 증가 추세로 회사의 성장 여부를 확인할 수 있습니다.

- **현금 및 현금성자산**: 현금 및 현금성자산은 바로 현금화가 가능한 보통예금 등을 말합니다. 재무상태표의 항목들은 유동화(현금화)가 쉬운 순으로 나열되어 있습니다.

- **매출채권**: 매출에서 수금되지 않은 외상 잔액을 말합니다. 손익계산서 상의 매출액과 비교해서 봐야 합니다. 가령 매출액이 12억 원, 매출채권이 2억 원인 경우 한 달 매출은 평균 1억 원으로 볼 수 있습니다. 12월 31일 기준으로 매출채권이 2억 원이라면 2달 치 매출이 외상으로 남아 있다고 이해하면 됩니다. 자연스럽게 매출채권의 회수 주기가 2달 정도 될 것이라고 판단할 수 있습니다.

- **유형자산**: 유형자산(토지, 건물, 차량운반구, 공구기구, 비품 등)은 금액의 규모도 중요하지만, 세부 항목이 무엇인지도 중요하기에 주석과 연관해서 봐야 합니다. 간혹 주석 중에 건설 중인 자산이 보인다면 건설 회사가 아닌 경우라도 구매 중인 혹은 짓고 있는 건물을 말하는 것입니다.

회계를 빨리 알기 위해서는 재무제표를 먼저 읽을 줄 알아야 합니다. 그리고 자산, 부채, 자본 총계만이라도 써 보세요. 익숙해지면 항목도 점점 늘어나게 됩니다.

손익계산서는 매출액에서 손익항목과 비용항목(매출원가, 판매관리비, 기타비용 등)을 뺀 최종이익을 계산한 재무제표입니다.

- **매출원가**: 회사가 파는 상품과 서비스의 원가를 유추할 수 있는 숫자입니다. 영업기밀이라는 이유로 대부분 구체적인 숫자가 아닌 합계만 나오지만 매출원가가 어느 정도인지 감은 잡을 수 있습니다.
- **영업이익, 당기순이익**: 영업이익은 주력 사업에서 얼마나 이익을 내는지 판단할 수 있습니다. 영업이익보다 기타이익, 금융이익의 규모가 크면 본업 외에 이익을 발생시키는 것이 무엇인지 주의 깊게 살펴볼 필요가 있습니다.

당기순이익은 회사가 직접 가져가 재투자 또는 배당할 수 있는 금액입니다.

현금흐름표는 발생주의 재무제표를 보완하는 성격의 재무제표로 기업의 현재 상황을 가장 잘 보여줍니다. 현금흐름표는 손익계산서의 영업이익과 달리 실제 기업이 가진 현금을 나타냅니다. 영업이익에는 아직 현금화되지 않은 회계적 수치가 포함됩니다.

현금흐름표를 통해 기업이 당장 사용할 수 있는 현금이 얼마인지 확인하고, 기말현금과 기초현금을 통해 현금의 증감 부분도 확인할 수 있습니다.

영업활동, 투자활동, 재무활동의 현금흐름을 통해 영업으로 얼마를 벌고 있고, 자산을 팔거나 사는 투자에 돈을 어떻게 사용하였으며, 빚은 얼마나 상환하는지 등을 주의 깊게 봐야 합니다.

손익계산서의 영업이익과 영업활동의 현금흐름 수치가 크게 차이가 난다면 타당한 이유가 있어야 합니다. 매출은 발생하는데 그 기간에 현금이 입금되지 않으면 회사가 위험하다는 신호일 수도 있습니다. 차이가 크고 2~3년간 계속해서 지속된다면 주의해야 합니다.

주석 표기는 재무제표 과목 옆에 주석 칸을 따로 두거나 괄호(⑴, 1), 가))로 표기합니다. 주석 번호로 찾아가면 1. 당사의 개요, 2. 재무제표 작성 기준 및 유의적인 회계 정책 등의 세부 설명을 볼 수 있습니다.

주석 1번은 기업에 관한 일반 사항, 당사의 개요로 회사 설립일과 주력 사업의 설명, 주요 주주 현황을 나타냅니다.

일반적으로 주석 2~5번은 보지 않아도 상관없습니다. 어떤 회계기준에 의해 작성되었는지를 설명하는 부분입니다.

하나의 과목에 여러 개의 주석 번호가 붙어 있다면 일반적으로 앞 번호는 회계기준을 설명하는 것이고, 마지막 번호는 다른 계정과목과 연관되어 있는 내용으로 가운데 주석 번호가 상세 설명이므로 가운데를 꼭 읽어야 합니다.

재무제표의 숫자만 보고 건실한 기업인 줄 알았는데 실상은 아닌 경우도 있습니다. 이는 특수관계자에 관한 주석을 보면 도움이 됩니다. 특수관계자 거래 내역을 잘 살펴보면 특수관계자 사이에서 매출액이 부풀려지는 회계 부정이 있으므로 주석을 잘 살펴봐야 합니다.

계류 중인 소송 사건도 주석에 기록됩니다. 소송 자체보다 소송 가액이 중요합니다. 금액이 크면 패소할 경우 영향을 미칠 수 있으므로 주의 깊게 살펴봐야 합니다.

 초보 사장님: 발생주의라는 용어가 나왔는데 무엇을 의미하나요?

택스코디: 발생주의를 설명하기 전에 현금주의에 대해 먼저 알아보겠습니다. 현금주의란 현금이 실제 오간 시점을 기준으로 회계를 처리하는 방식입니다. 기업의 회계 정보는 용돈 출납장처럼 '수입 - 지출 = 잔액'의 공식으로 작성되지 않습니다. 왜냐하면 발생주의 관점에서 이뤄지기 때문입니다.

발생주의란 현금의 이동이 없더라도 거래가 실행되는 순간 장부에 기재하는 방식입니다. 가령 공장의 설비를 갖추는 데 5억 원이 들었다고 가정하고 현금주의 방식으로 장부를 기록하면 공장의 설비를 갖춘 그해에 5억 원의 지출이 기록됩니다. 같은 경우 발생주의 방식으로 기록하면 5년간 매년 1억 원씩 설비 비용을 나누어 기록합니다. 그러므로 장부상에는 5년 동안 설비 지출이 매년 '발생'한 것처럼 보입니다. 현금은 그해 5억 원이 지출되었는데 장부에는 왜 나눠서 기록을 할까요?

공장에서 생산되는 제품의 가격을 정하는 상황을 생각해봅시다. 5억 원은 설비 비용으로 한 번에 지출되었지만, 이후 5년 동안 생산하는 제품 가격에 설비 비용을 포함시켜야 제품의 정확한 원가를 계산할 수 있기 때문입니다. 발생주의 방식의 회계로 기록을 해야 제품의 원가를 적절히 계산할 수가 있는 것이지요.

2장

개인사업자의 장부

매출이 답이 아니었다

화장품 도매업을 시작한 뒤 저는 신규 거래처를 확보하기 위해 한참 영업에 집중했습니다. 영업만큼은 자신 있었기에 몸으로 움직인 만큼 거래처는 늘어났습니다. 그렇게 신규 거래처를 개설하고 물건을 납품하니 매월 매출이 상승하였습니다.

'계획대로 일이 잘 진행되는걸. 마흔이 되기 전에 꼭 부자가 될 거야.'

신규 거래처는 매월 늘어났고, 그와 동시에 인터넷 중간판매업자(G마켓, 옥션, 11번가 등)를 통해 화장품을 팔기 시작했습니다. 경쟁 업체보다 싸게 물건을 파니 온라인 매출도 계속 상승했고, 매출이 오르니 자연스럽게 직원과 재고 또한 늘어났습니다.

'좋아, 이렇게 사업이 커지는 거군.'

당시에는 온라인 쇼핑몰이 한창 성장하고 있던 시기여서 제가 회사에서 일하는 시간은 점점 늘었습니다. 타 업체보다 조금 싸게 파는 것뿐이었는데 매출은 쑥쑥 올라갔습니다.

그런데 직원 수가 늘어나다 보니 직원들의 급여를 맞추기가 빠듯했습니다. 그래도 쌓여 있는 재고를 바라보며 저게 번 돈이라고 스스로를 위로했습니다. 매출은 계속 오르는데 수중에 돈이 부족한 이유를 단순히 재고가 늘어났기 때문이라고 생각하고 매출을 더 올리기 위해 매진했습니다.

그때 저는 매일 결산을 하지 않았고, 종합소득세를 납부하는 5월에 단 한 번 결산을 하였습니다. 이 또한 제가 직접 하지 않았고 세무 대리인이 결산한 자료를 제대로 이해하지도 못한 채 대충 훑어보고 다시 업무로 돌아갔습니다. 오로지 매출을 키워야 한다는 생각뿐이었습니다.

매월 결산 없이 감으로만 경영을 하다 보니 갑갑한 마음에 장부를 적어봐야겠다고 생각은 하였으나 늘어나는 업무로 뒤로 미루기 일쑤였습니다. 경리 직원을 고용할까 생각도 했지만 '세무 대리인도 있는데 굳이 필요할까?'라고 생각하며 아낄 수 있는 인건비는 아끼자고 생각했습니다.

매출은 눈에 띄게 올라가는데 통장 잔고는 늘어나지 않는 나날이 계속되었습니다. 직원들의 월급날을 맞추는 것도 점점 빠듯해져 갔습니다. 그럴수록 저는 매출을 더 올리는 방법이 무엇일까 고민했습니다.

'홍보를 조금 더 해볼까?'

부족한 돈은 빌리면 된다?

'돈이 부족할 땐 은행에서 빌리면 된다. 그리고 매출을 올려 갚으면 되지.'

지금 와서 생각해보면 참으로 위험한 발상이었습니다. 그러나 그 시절 저는 돈을 빌리는 데 전혀 거부감이 들지 않았습니다. 매출은 계속 오르고 있었으나 외상거래가 대부분이어서 통장의 잔고는 늘어난 매출만큼 부족했습니다.

'때가 되면 돈은 들어오겠지'라고 생각하고 매출을 올리는 데만 집중했습니다. 매출이 커지는 만큼 공장에 결제할 대금 또한 늘어났습니다. 그러

다가 대금 지급을 제날짜에 하지 못하는 상황이 발생했습니다.

'여유 자금이 조금만 더 있으면 좋겠다. 그러면 결제 대금을 신경 쓰지 않고 매출 올리는 데 집중할 수 있을 텐데.'

저는 은행 문을 두드리게 되었습니다. 신용도 괜찮았고 세무 대리인이 대리 발급해 준 소득세증명원상의 금액도 적지 않았기에 대출은 쉽게 받을 수 있었습니다. 은행 직원이 이자가 어쩌고 저쩌고 이야기했지만 전혀 집중이 되지 않았습니다.

'이자 금액이 커봤자 몇 푼이나 된다고.'

이 생각이 나중에 저의 발목을 잡을 줄은 그때는 몰랐습니다.

생각보다 은행 대출이 쉽게 이뤄지자 하고 있는 사업이 은행에서도 인정해줄 만큼 괜찮은 상태구나 하는 착각까지 들었습니다. 매출이 오르니 순간적으로 자금이 모자란 것이고, 그러니 은행에서 돈을 빌리고 다시 갚으면 된다고 쉽게 생각했습니다. 여전히 매출을 올려야겠다는 생각뿐이었습니다.

'좀 있으면 나도 다른 사장들처럼 은행 지점장이랑 골프도 치러 다니겠구나.'

은행에서 대출을 받아 공장의 미수금을 결제하자 약간의 잔고가 남았습니다.

그날 이후 저는 돈이 부족하면 은행을 찾았고, 은행은 돈을 잘 빌려주었습니다. 하지만 잠깐의 숨통이 트일 뿐이었습니다.

어느 날 고용한 세무사가 사무실을 찾아왔습니다. 저는 답답한 마음에 이것저것 자문했습니다.

"매출은 계속해서 올라가는데 왜 통장에 잔고는 없죠?"

"경비를 줄이거나 매출을 올리세요."

세무 대리인의 업무는 기장 대리와 신고 대리를 해주는 것뿐인데 그때는 알지 못했습니다. 돈에 관련한 모든 질문에 답변을 해주는 줄 착각했던 것이죠. 10년도 넘게 같이했으니 이따금 밥도 같이 먹었고, 그의 분야와 상관없는 질문도 참 많이 했습니다.

세무 대리인이 경영 대리인이 아니란 것을 그때는 왜 몰랐을까요? 월 매출은 예전보다 제법 커졌음에도 통장의 잔고는 쌓이지 않았습니다. 이유가 궁금해서 그에게 물어봐도 속 시원한 답은 들을 수 없었습니다. 자금 조달이 어려우면 은행에서 추가 대출을 받았습니다. 그리고 세무 대리인의 조언대로 줄일 수 있는 경비를 줄이고, 매출을 올리기 위해 적극적으로 홍보 및 영업을 하였습니다.

'매출이 더 오르면 조금은 나아지겠지.'

그렇게 스스로를 위로했습니다.

아무튼 열심히 노력한 끝에 연 매출 10억 원을 달성했습니다. 여전히 통장에 잔고는 없었지만 고생한 직원들에게도 성과급을 줄 만큼 10억 원이라는 금액은 상징적인 숫자였습니다.

매년 세무 대리인은 매입장과 매출장을 보내주었습니다. 장부를 보면 온통 알 수 없는 숫자투성이여서 보기도 싫었고, 그가 전문가이니 알아서 해주었겠지 하는 생각으로 제대로 본 적이 한 번도 없었습니다. 그래도 연매출 10억을 달성하는 데는 아무런 무리가 없었습니다.

'세무는 전문가에게 맡기고 매출에 좀 더 집중해보자.'

20억? 50억? 마음속으로 더 높은 매출을 올릴 생각뿐이었습니다.

그러던 어느 날 저는 중요한 사실을 깨닫게 됩니다.

'매출이 답이 아니었구나.'

이 사실을 인지할 무렵에는 자금 사정이 극도로 악화된 상태였고, 미수금과 직원의 급여까지 제대로 못 주는 처지가 되었습니다. 적지 않은 매출이었음에도 회계 관리에 신경을 쓰지 않았고, 전문가를 막연히 신뢰해 그가 모든 걸 대신해주리라 판단하고 매출만 올리면 된다고 생각한 결과였습니다.

주위를 보면 예전의 저와 같이 비싼 수업료를 지불하는 사장님들이 많이 있습니다. 만약 타임머신이 있어 과거로 돌아갈 수 있다면 저는 세무 공부부터 했을 것입니다. 번 돈을 기록하고 벌기 위해 쓴 돈을 관리하고 원가를 계산하여 정확한 이익을 아는 것은 어려운 일이 아닙니다.

현재 자금 사정이 어려워서 어떻게든 매출을 올리기 위해 과거의 저처럼 홍보비에 돈을 쓰고 은행 대출 이자에 무감각하다면 다시 본질에 대해 생각해야 합니다. 사업을 하는 이유는 이익을 내기 위함이지 매출을 올리는 것이 아니라는 것입니다. 이익의 계산은 막연히 하는 것이 아닙니다.

정확한 증빙을 수취하고 그것을 토대로 기록하는 것부터 시작됩니다.

사업을 하면 번 돈(매출)과 벌기 위해 쓴 돈(비용)이 생기게 됩니다. 운영하는 사업이 적자라면 매출보다 비용이 많이 발생했다는 것입니다. 사업을 유지하기 위해서는 매출이 중요한 것이 아니라 이익이 중요합니다. 이익은 번 돈에서 벌기 위해 쓴 돈을 빼면 계산할 수 있습니다. 이익은 매출총이익, 영업이익, 경상이익, 세전 당기순이익, 당기순이익으로 구분됩니다. 우리가 흔히 말하는 순이익은 당기순이익을 말합니다.

재무제표 중 손익계산서는 이익을 알기 위해, 즉 얼마나 이익이 발생하였는지, 어떤 부분에서 이익이 발생하였는지, 이익을 줄이는 비용이 무엇인지를 보여주는 표입니다.

손익계산서에서는 '수익 – 비용 = 이익'으로 표현하고 있습니다. 수익은 기업이 고객에게 제공하는 상품과 서비스의 총합(매출)입니다.

1. 매출총이익 = 매출(수량 × 판매가격) - 매출원가(수량 × 제조원가)

매출원가는 매출을 발생시키기 위해 사용된 고정 비용으로, 원재료 구성비, 공장 가동비, 구매 비용 등이 해당됩니다. 제조원가 또는 상품원가라고 생각하면 됩니다. 유통회사의 경우에는 완제품을 매입하므로 그것이 매출원가가 됩니다.

매출 대비 매출원가가 차지하는 비율을 매출원가율이라 합니다.

매출원가율 = 매출원가 / 매출 × 100

예를 들어 매출이 10억 원이고 매출원가가 3억 원이라면 매출총이익은 7억 원입니다. 10억 원을 팔기 위해 만드는 비용이 3억 원 들었으므로 매출원가율은 30%가 됩니다. 매출원가율이 낮을수록 수익성이 높습니다.

2. 영업이익 = 매출총이익 - 판매비와 관리비

판매비와 관리비는 상품을 만드는 데 들어간 비용 외에 광고, 영업, 홍보에 들어간 판매비와 일반관리직 급여 등 기업의 관리활동에 사용되는 관리비의 합계입니다. 영업이익은 기업의 주력 사업을 통해 얻는 이익이라고 볼 수 있습니다.

3. 기타 영업외이익(경상이익) = 영업외수익 - 영업외비용

회사 본연의 업무 외에 수익과 비용이 생길 수도 있습니다. 주식이나 부동산 투자로 이익을 낼 수도 있는 것이죠. 가령 공장 부지로 산 땅의 가격이 2~3배 오른 뒤에 팔았다면 그 차액으로 인한 이익도 재무제표에 기타 영업외이익으로 기록해야 합니다.

영업외이익에는 이자와 배당소득, 환차익, 유가증권매도 차익 등이 있고, 영업외비용에는 이자, 어음할인료, 환차손, 유가증권매도 손해 등이 있습니다.

4. 법인세(소득세)비용차감전순이익

세금(법인세, 소득세)을 제외한 이익을 말합니다. 법인세율을 고려해 일반적으로 이익의 20% 정도가 세금으로 빠져나갑니다.

5. 당기순이익

세금(법인세)을 제하고 난 이익입니다. 영업이익과 당기순이익은 의미상 비슷해 보이지만 완전히 다른 개념입니다. 영업이익은 적자인데 당기순이익이 흑자라면 기타 영업외이익이 커서 영업이익의 적자를 만회한 경우입니다. 재무제표를 정확히 읽어야 하는 이유는 회사 본업의 성과가 중요하다면 영업이익이 중요할 경우 영업이익을 봐야 하고, 최종 이익이 중요할 경우 당기순이익을 봐야 하기 때문입니다.

기업 경영 성과를 외부에 알리는 재무제표에는 매출, 영업이익, 당기순이익이 기본 사항으로 보여집니다. 영업이익과 당기순이익의 금액이 비슷하여 같은 이익처럼 보이기도 하나 둘 사이에는 기타 영업외이익과 법인세비용차감전순이익이 존재합니다. 영업이익과 당기순이익을 다른 관점에서 해석할 줄 알아야 합니다.

고정비와 변동비

"사장님이 경영하는 사업의 고정비는 얼마인가요?"

"손익분기점 매출액은 얼마인가요?"

"투자금의 5%를 벌려면 얼마나 팔아야 할까요?"

"10% 가격 할인 정책을 하면 얼마나 팔아야 할까요?"

"이익을 높이기 위해 어떤 원가를 절감해야 하나요?"

개인사업자라면 위의 질문에 대답할 줄 알아야 합니다. 우선 경비와 비용이 어떤 차이가 있는지, 고정비와 변동비는 어떻게 구분되는지 살펴보겠습니다.

경비와 비용은 다른 말입니다.

회사가 벌기 위해 쓴 돈을 비용이라고 합니다. 그중에서 계상이 가능한 것, 즉 세금을 낼 때 공제를 받는 것을 경비라고 합니다. 예를 들어 배송직원이 거래처에 납품을 하기 위해 차를 잠깐 세워 놓았는데 주차 위반으로 과태료를 물었다면 과태료는 경비가 아니라 비용입니다. 비용은 경비를 포함하며 회사를 운영하기 위해 쓴 돈 모두를 말합니다.

비용은 크게 고정비와 변동비로 나눌 수 있습니다.

고정비란 매출에 상관없이 일정하게 나가는 비용으로 임대료, 공과금, 인건비, 광고비 등이 해당됩니다.

변동비란 매출이 늘면 늘수록 커지는 비용을 말합니다. 식당을 예로 들면 재료비 등이 해당됩니다.

같은 인건비라도 상시근로자의 급여는 고정비, 바쁠 때만 일하는 직원의 급여는 변동비로 볼 수 있습니다.

 초보 사장님: 비용에 대한 정의와 구분 등을 알아야 할 이유가 있나요?

택스코디: 흔히 회계라고 하면 세무회계를 떠올리는데 세무회계의 목적은 재무제표를 통해 세금을 신고하는 것입니다.

관리회계는 비용에 대한 개념을 알고 이를 구분하는 것으로, 돈을 버는 것이 목적입니다.

매입이란 판매를 하기 위한 상품이나 제품 등에 필요한 원재료나 저장품등을 구입하는 것을 말합니다.

매입장부란 돈을 벌기 위해 쓴 비용(원재료나 저장품 등)을 언제 어디에서 매입했는지 기재하여 관리할 수 있는 서식입니다. 매일 발생되는 내역에 대하여 순차적으로 입력해 전체적인 매입내역을 확인할 수 있으며 월 합계를 파악할 수 있습니다.

매입장부 작성 팁

장부는 매입처별로 작성해야 매입내역을 쉽게 파악할 수 있습니다. 공급가액에 세금이 별도인지 포함인지 구분해서 작성해야 세금신고 시 용이합니다. 일자순으로 작성하면 집계하기가 편합니다. 특별히 기재해야 할 내역이 있다면 비고란을 활용하는 것도 좋습니다. 비고란에 고정비와 변동비를 표기해서 구분하는 것도 좋은 방법입니다.

만능열쇠, 한계이익

한계이익은 매출액에서 변동비를 뺀 이익입니다(장부를 기록할 때 비용을 고정비와 변동비로 구분해두면 편합니다).

최 사장님은 인터넷 쇼핑몰을 운영하고 있습니다. A 상품의 판매 가격은 30,000원이고, 상품원가는 15,000원, 포장비는 1,000원, 배송비는 4,000원입니다(포장을 해서 택배 발송을 해야 하니 상품원가, 포장비, 배송비는 변동비에 해당됩니다).

A 상품 한 개를 판매했을 때의 한계이익을 계산해보겠습니다.

> **한계이익 = 매출액 - 변동비**
> 30,000원 - (15,000원 + 1,000원 + 4,000원) = 10,000원

A 상품 한 개를 판매했을 때 한계이익은 10,000원이 됩니다. 한계이익을 계산하기 위해서는 사업장의 변동비가 무엇인지 파악해야 합니다.

최 사장님이 운영하는 인터넷 쇼핑몰의 지난해 손익계산서를 살펴보겠습니다.

◎ 손익계산서 예시

과목	금액(단위: 만 원)
매출액	45,000
매출원가	25,000
매출총이익	20,000
판매비 및 일반관리비	22,000
영업이익	▲ 2,000

손익계산서상의 매출원가는 변동비입니다. 판매비 및 일반관리비 항목은 고정비와 변동비가 합계된 금액이므로 판매비 및 일반관리비 명세서를 살펴보겠습니다.

◎ 판매비 및 일반관리비 명세서 예시

과목	금액 (단위: 만 원)	과목	금액 (단위: 만 원)
여비교통비	400	조세공과	0
광고선전비	4,000	기부금	0
임원보수	3,000	접대교제비	250
급여	2,000	보험료	90
상여	0	자재비	5,000
감가상각비	0	복리후생비	200
지급임차료	1,200	잡금	0
수선비	200	임대비	100
포장운임	5,000	잡비	150
통신비	250	판매비 및 일반관리비 합계	22,000
수도광열비	150		

위 명세서에서 변동비 항목은 자재비(포장용 박스 등의 구입)와 포장운임
(배송료) 두 가지 항목입니다. 그러므로 판매비 및 일반관리비에서 변동비
는 1억 원(자재비 + 포장운임)이 됩니다.

손익계산서를 보고 한계이익을 계산하면 다음과 같습니다.

> **매출액 - 변동비(매출원가 + 자재비 + 포장운임) =**
> 4억 5천만 원 - (2억 5천만 원 + 5천만 원 + 5천만 원) = 1억 원

손익계산서를 토대로 계산한 한계이익은 1억 원이 됩니다.

한계이익을 계산하는 방법은 어렵지 않습니다. 저는 한계이익을 만능열쇠라고 부릅니다. 이제 이 만능열쇠를 가지고 사장님이 운영하는 사업장의 문제점을 한번 파악해 볼까요?

한계이익률 계산법

한계이익률이란 매출액에서 한계이익이 차지하는 비율을 말하며, 계산 방법은 다음과 같습니다.

> **한계이익률 = 한계이익 / 매출액 × 100**

앞서 최 사장님이 운영하는 인터넷 쇼핑몰의 매출액은 4억 5천만 원, 한계이익은 1억 원으로 한계이익률을 계산하면 대략 22.22%(1억 원 / 4억 5천만 원 × 100 = 22.222⋯)가 나옵니다. 한계이익률이 클수록 회사가 본업으로 일으키는 수익도 많아집니다. 한계이익률이 30%인 회사와 20%인 회사 중에 전자가 돈을 잘 벌 확률이 높다고 판단하면 됩니다.

한계이익률은 상품 하나도 계산할 수 있습니다.

예를 들어 최 사장님이 판매하는 상품 B(매출액 2만 원, 변동비 1만 6천 원)의 한계이익률은 20%(4천 원 / 2만 원 × 100)입니다. 손익계산서를 보고 계산한 회사의 1년 한계이익률이 22.22%였으므로 그보다도 낮습니다. 즉 B 상품을 아무리 많이 팔아도 돈을 벌기는 어려운 것이죠.

단순히 매출을 올린다고 해서 이익률이 올라가는 것은 아닙니다. 한계이익률을 계산할 줄 알아야 합니다. 한계이익률을 지표로 삼아 상품 가격을 결정하고 현재 돈이 모이고 있는 상황이라면 22.22%는 안전하다고 판단할 수 있지만, 그렇지 않은 경우라면 위험한 상황이 되므로 한계이익률을 올리는 방안을 찾아야 합니다. 과거의 저처럼 매출을 올리는 것만이 능사가 아닙니다.

손익분기점 매출액 계산법

대부분의 사장님들이 손익분기점 매출액을 두루뭉술하게 파악합니다. 심지어 손익분기점에 대한 개념 없이 '줄 거 다 주고 남은 것이 번 것 아닌가?'라고 생각합니다.

손익분기점이란 이익이 제로가 되어 손익이 똑같은 상태를 말합니다. 손익분기점은 매출액과 총비용(고정비와 변동비를 합한 금액)이 같은 금액이 되는 지점입니다.

한계이익률을 이용해서 손익분기점 매출액을 계산할 수 있는데 계산법은 아래와 같습니다.

손익분기점 매출액 = 고정비 / 한계이익률

최 사장님의 손익계산서를 확인한 결과 고정비는 1억 2천만 원이고, 앞서 계산한 한계이익률은 22.22%였습니다.

손익분기점 매출액 = 1억 2천만 원 / 0.2222 = 540,054,005원

계산 결과 손익분기점 매출액은 약 5억 4천만 원이 나옵니다. 판매가격을 내려서 매출액이 오른다고 하더라도 한계이익률은 내려갑니다. 따라서 손익분기점 매출액은 증가하게 됩니다. 손익분기점 매출액의 공식에 의거해 고정비가 커져도 손익분기점 매출액은 커집니다. 손익분기점 매출액은 한계이익률에 영향을 많이 받습니다.

최 사장님의 사례에선 현재 상태가 계속 유지(고정비, 한계이익률이 변동이 없을 경우)되는 경우 대략 9천만 원 정도의 매출을 올려야 손익분기점 매출액이 됩니다. 요즘 같은 불경기에 매출을 올리는 것이 쉽지는 않을 텐데, 그럼 최 사장님이 어떻게 적자에서 흑자로 매출이 변했는지 조금 더 살펴보겠습니다.

가격결정이 곧 경영이다

이제 매출이 중요하다는 생각은 버리셨나요? 과거의 저처럼 매출 만능주의에서 빨리 탈출하는 것이 사장님의 적자를 흑자로 바뀌게 해줄 것입니다. 앞서 한계이익률이 22%일 경우 대략 9천만 원 정도의 적자가 발생하였습니다.

만약 한계이익률이 단 5%만 오른다면 어떻게 될까요? 한계이익률을 27%로 가정하여 계산해 보겠습니다(한계이익률을 제외한 모든 조건은 동일하다고 가정하겠습니다).

> 손익분기점 매출액 = 고정비 / 한계이익률 =
> 1억 2천만 원 / 0.27 = 444,444.444원

한계이익률이 단지 5% 인상되었을 뿐인데 흑자로 전환되었습니다. 만약 한계이익률이 10% 오른다면 어떻게 될까요? 상상만 해도 즐거울 것 같습니다.

상품의 원가를 5% 인하하면 이익은 35%가 늘어납니다. 판매가격을 5% 인상하면 이익은 50%가 늘어납니다.

상품의 원가를 5% 인상하면 이익은 35%가 줄어듭니다. 판매가격을 5% 인하하면 이익은 50% 줄어듭니다.

사장님은 어떤 판단을 하겠습니까? 처음부터 판매가격 설정이 중요합니다. 옆집에서 대충 이런 가격에 판매하니 우리도 그렇게 하자고 막연히 설정하는 것이 아니라 한계이익률을 고려해 판매 가격을 설정해야 합니다. 그런 이유로 가격을 결정하는 것이 곧 경영이라는 말도 있습니다.

모든 조건은 전과 동일(판매가격 - 20,000원, 변동비 - 16,000원)하다는 가정하에 계산해 보겠습니다.

20,000원에 팔고 변동비가 16,000원 일 경우 한계이익금은 4,000원 이었고 한계이익률은 20%였습니다.

그럼 판매가격을 10% 인상했을 경우 한계이익금과 한계이익률을 계산해볼까요?

한계이익금 = 매출액 - 변동비 =
22,000원 - 16,000원 = 6,000원

한계이익률 = 한계이익금 / 매출액 × 100 =
6,000원 / 22,000원 × 100 = 27.3%

상품의 판매가격을 10%만 인상해도 한계이익금은 2,000원, 한계이익률은 27.3%로 변했습니다. 한계이익률이 오르면 손익분기점 매출액은 내려갑니다. 그러므로 판매량이 변하지 않으면 적자에서 흑자 구조로 전환됩니다.

관리회계의 시각에서는 1%의 이익률 차이가 매우 큽니다. 소매업의 경우에는 판매하는 모든 상품의 가격이 1% 인상되었을 때 판매량이 줄지 않는다면 영업이익률은 20% 이상 상승합니다.

최 사장님의 경우에는 매출 4억 5천만 원의 1%인 450만 원의 이익이 늘었고 판매량이 그대로라면 영업이익률은 22.5%가 인상되는 것입니다.

다시 한번 강조하지만 정확한 계산에 의한 가격결정이 중요합니다. 판매가격을 5%만 인상해도 이익은 50% 늘어납니다.

가격할인,
신중히 판단해야 합니다

'모든 이유는 매출이 부족하기 때문이야. 매출만 오르면 다 회복될 거야.'

과거의 저는 이렇게 생각했습니다. 이런저런 이유로 매출이 조금이라도 떨어질 듯하면 '할인'이라는 두 글자를 제일 먼저 머리에 떠올렸습니다.

숫자는 거짓말을 하지 않습니다. 판매가격을 10% 할인했을 경우, 한계이익률은 어떻게 변하는지 알아볼까요? 판매가격을 10% 할인하면 18,000원이 됩니다(변동비는 16,000원으로 변하지 않았습니다).

한계이익금: 18,000원 - 16,000원 = 2,000원

한계이익률: 2,000원 / 18,000원 × 100 = 11.1%

10% 할인을 했을 뿐인데 한계이익률은 11.1%가 되었습니다. 10% 할인을 하고 10% 매출이 오르면 같은 것이라고 생각하는 사장님들이 매우 많습니다. 그러나 이것은 대단히 잘못된 생각입니다.

한계이익금이 4,000원 일 경우 100개를 팔면 400,000원의 수익이 발생합니다. 그러나 한계이익금이 10% 할인을 해서 2,000원이라면 200개를 팔아야 400,000원의 수익이 발생합니다. 즉 10% 할인을 하면 매출은 2배가 되어야 같은 결과가 되는 것입니다.

10% 할인이 얼마나 무서운 것인가 설명이 되었나요? 장부를 기록하여 관리회계를 이용하면 모든 것은 정확히 숫자로 계산할 수 있습니다. 여태껏 정확히 계산을 하지 않고 막연히 이럴 것이라고 대충 생각하고 결정했나요? 광고비를 쓰는 이유도 돈을 벌기 위해서입니다. 그런데 광고비를 썼는데 돈을 벌지 못한다면? 얼마나 팔아야 광고비라도 빠질까요? 계산이 어렵지 않으니 같이 한번 살펴보겠습니다.

관리회계의 가장 큰 장점은 미리 시뮬레이션을 해볼 수 있다는 것입니다.

광고비 100만 원을 투자해 3만 원에 판매하는 신상품을 몇 개를 팔아야 할까요? 추가 매출은 얼마나 발생해야 할까요?

3만 원짜리 신상품의 한계이익금을 1만 원이라 가정하고 계산해보겠습니다. 관리회계를 배우기 전에는 광고비로 100만 원을 집행했으니 추가 매출이 100만 원 이상 발생하면 본전이지 않느냐고 생각하셨다면 큰 착각입니다.

먼저 신상품을 몇 개 팔아야 하는지 계산해보겠습니다.

필요한 신상품 판매 개수 = 광고비 / 한계이익 =
1,000,000 / 10,000 = 100개

100개를 팔아야 광고비로 투자한 100만 원을 회수할 수 있습니다. 생각보다 개수가 많지요?

100개 × 30,000원 = 300만 원

추가로 300만 원의 매출이 발생해야 광고비로 쓴 100만 원이 회수됩니다. 그러나 이때도 이익은 0원입니다. 몇 개를 팔아야 혹은 얼마나 매출을 올려야 광고를 해도 돈을 벌 수 있을지 미리 시뮬레이션을 해보고 결정해야 합니다. 관리회계를 꼭 배워야 하는 이유입니다.

관리회계의 장점

관리회계의 장점은 사전 시뮬레이션이 가능하다는 것입니다. 직원을 고용할 때도 '업무가 조금 바빠졌으니까 혹은 규모를 좀 더 키워야 하니까'라는 막연한 생각으로 고용을 하면 안 됩니다.

미리 시뮬레이션을 통해 결과를 예측하고 고용 여부를 결정해야 합니다. 최저시급 인상으로 직원 한 명을 고용할 경우 연간 3천만 원 정도의 비용이 발생합니다. 고용한 신입 직원이 회사의 이익 창출에 바로 기여하는 것도 아닙니다.

연간 흑자 금액이 5천만 원이라고 가정하면 정규직 사원을 한 명을 고용할 경우 지출되는 비용이 연간 3천만 원 정도이니 흑자 금액은 2천만 원으로 줄어듭니다. 게다가 첫해부터 실적을 올려줄 정도의 직원을 3천만 원으로 구하기도 어렵습니다.

업무가 바빠져서 직원을 고용해야 하는 상황이 오면 직원을 고용하지 않고 외주를 주는 것도 같이 고민해봐야 합니다. 외주를 하는 것이 더 효율적이고 일의 수준도 높아질 수 있습니다. 외주가 불가능하다면 직원을 고용해야 하는데 그러기 위해서는 직원 한 명당 한계이익을 계산해봐야 합니다. 공식은 다음과 같습니다.

> 직원 한 명당 한계이익 = 연간 한계이익 / 사장을 포함한
> 모든 직원의 수(아르바이트 같은 단기근로자는 0.5명으로 계산)

개인사업자의 경우에는 직원 한 명당 한계이익을 평균 1억 원 정도로 보면 됩니다. 그러므로 1인 기업이 직원을 고용하는 지표가 되는 연간 한계이익은 2억 원이 됩니다.

물론 직원을 고용하기 전 업무 구조를 간소화해서 필요 없는 업무를 줄여 현재의 인원으로 업무가 가능하다면 가장 좋을 것입니다. 회사의 이익이라는 관점에서도 업무를 효율적으로 재편해보는 일은 직원을 고용하기 전에 꼭 해보면 좋습니다.

많은 사람들이 창업을 한 후에 누가 시키지도 않았는데 월 매출 목표를 세웁니다. 과거의 저처럼 원하는 매출을 계획하고 최종적으로 남은 돈은 이익이 된다고 생각합니다. 지금까지 저와 같이 한계이익을 공부한 사장

님들은 이러지 않을 것이라 믿습니다.

매출이 아니라 이익의 계획을 세워야 합니다. 희망하는 이익을 정하고 거꾸로 계산하여 매출을 구해야 합니다.

월간 매출 목표를 정하고 열심히 노력해서 목표를 달성했는데 왜 통장에 잔고가 없을까요? 이익 계획을 세우게 되면 위와 같은 고민은 저절로 사라집니다. 한 달 동안 얼마나 이익을 남길지를 결정하고 월간 고정비와 월간 평균 한계이익률을 정해보세요. 아래 공식에 대입해 필요한 매출을 계산해보겠습니다.

> **이익 달성에 필요한 매출 =**
> **(원하는 이익 + 월간 고정비) / 월간 평균 한계이익률**

희망하는 월간 이익이 1,000만 원이고, 월간 고정비가 1,000만 원, 월간 평균 한계이익률이 30%라고 가정하고 필요한 매출이 얼마인지 역으로 계산해볼까요?

> **(1,000만 원 + 1,000만 원) / 0.3 = 6,666만 원**

1,000만 원의 월간 이익을 달성하려면 6,666만 원의 매출을 올려야 합니다. 그럼 다른 것은 동일하다는 가정하에 월간 이익만 2배로 하여 2,000

만 원을 설정하여 계산해보겠습니다.

(2,000만 원 + 1,000만 원) / 0.3 = 1억 원

이익을 2배로 했는데 놀랍게도 매출은 2배를 올리지 않아도 되는 결과
가 나왔습니다. 원하는 이익으로 계획을 세우면 이러한 변화가 일어납니다.

신상품을 판매할 경우에도 한계이익률을 이용해 미리 시뮬레이션을 해
보고 가격을 결정하면 좋습니다. 상품 중에서 판매를 촉진할 상품의 한계
이익률에 신경을 쓰세요. 광고비와 같은 경비를 계획할 때도 사전에 시뮬
레이션을 통해 결정해보세요.

이익을 체크하는 습관

이익을 위주로 한 계획을 세워야 하는 필요성에는 동의를 하여 목표를 세웠는데 제대로 달성하고 있는지 궁금하신가요? 상대적으로 매출 집계는 용이한데 이익이 얼마만큼 나는지는 계산하기 어렵다고 느껴질 것입니다.

'현 단계에서 흑자인가? 이번 달은 흑자인가? 적자라면 어느 정도일까?'

그런데 고용한 세무 대리인은 1년에 한 번 결산서를 제공해줍니다. 매월 결산서를 제공해준다면 참 좋겠지만, 세무 대리인의 도움 없이 위의 궁금 증을 해결할 방법이 있습니다. 이번 달은 얼마나 목표를 달성했는지 알기 위해서는 세 가지만 알고 있으면 됩니다.

오늘까지의 매출금액 합계, 평균 한계이익률, 이번 달 고정비(예측 금액) 이 세 가지만 알고 있으면 실시간으로 확인이 가능합니다. 매출 집계는 포스기 등을 통하여 간단히 확인할 수 있고, 평균 한계이익률은 이미 알고 있습니다. 그러면 돈을 벌기 위해 쓴 장부(매입장부)에 고정비와 변동비만 잘 기록되어 있다면 아래의 공식으로 간단히 확인할 수 있습니다.

> 오늘까지의 매출금액 합계 × 평균 한계이익률 =
> 오늘까지의 한계이익

위 공식으로 오늘까지의 한계이익금액을 구할 수 있습니다. 한계이익을 계산했다면 아래의 공식을 다시 적용하면 됩니다.

> 오늘까지의 한계이익 - (이번 달 고정비 + 원하는 이익) =
> 오늘까지의 목표 달성 정도

위 공식으로 계산한 금액이 마이너스가 나오면 이번 달 말일까지 마이너스 금액만큼 목표 달성 금액이 남았다는 뜻입니다. 반대로 플러스 금액이 나오면 이미 목표를 달성했다는 뜻입니다. 위 공식을 통해 현재 목표 달성 여부를 확인할 수가 있습니다.

관리회계를 배우지 않은 많은 사장님들은 가격 인하를 통한 매출의 신장이 전부라고 생각합니다. 단순히 가격을 내리는 할인 전략은 압도적으로 판매량이 늘어나야 한다는 것을 앞에서 살펴보았습니다. 또한 판매량이 압도적으로 늘어나게 되면 인건비 등의 비용도 늘어나므로 할인 전략은 신중히 사용해야 합니다. 개인사업자의 경우에는 10%, 20% 할인 전략은 적합하지 않습니다.

사업을 하는 목적은 수익을 얻기 위함입니다. 즉 돈(이익)을 버는 것이 목적입니다. 이익을 올리기 위해서는 한계이익률이 커져야 합니다. 즉 판매가격을 인상해야 하지요. 기존에 팔고 있는 상품의 가격은 올리기 쉽지 않습니다. 그러므로 신상품의 판매가격을 결정할 때가 중요합니다. 신상품의 가격 인상 전략은 한계이익률을 높여주기 때문에 평균 한계이익률이 커지는 효과를 만들어 냅니다. 그렇게 기존 상품에서 신상품으로 판매 전환을 고려하는 것은 좋은 방법이라 할 수 있습니다. 그러면 평소와 업무량은 차이가 없는데 이익은 커지게 됩니다.

이익을 내기 위한 또 하나의 방법은 원가를 내리는 것입니다. 원가를 내리면 내린 만큼의 한계이익이 증가하기 때문에 가격 인상과 동일한 효과를 가져옵니다. 그러나 원가를 낮추기 위해서는 대량 구입을 통해 재고량을 늘려야 하므로 규모가 작은 업체나 보관이 어려운 식자재를 취급하는 음식점에는 맞지 않습니다.

개인사업자의 경우에는 판매량이 줄지 않는 범위 안에서 소폭의 가격 인상을 반복하는 것이 제일 좋은 방법이라고 할 수 있습니다. 만약 가격 인상 폭이 크다면 가격 인상으로 인한 이익의 일부를 다시 고객에게 일정 부분 되돌려 주는 것도 효과적이라 효과적입니다.

장부를 기록해야만 하는 이유

돈에 시달리게 되면 무척이나 고통스럽습니다. 과거 저는 매출이 정답이라는 강한 확신에 할인에 할인을 거듭하고 홍보 및 광고비에 엄청난 돈을 쏟아부었습니다. 그 결과 놀랄 만한 매출은 이루었는데 통장 잔고는 늘 마이너스였습니다.

공장에 결제를 하기 위해서, 직원의 월급을 주기 위해서, 빌린 돈의 이자를 갚기 위해서 열심히 돈을 벌었지만, 일이 즐겁지 않고 의무가 되었고 마음은 늘 조급했습니다.

만능열쇠 '한계이익'이라는 단어를 접하고 나서야 진작에 알았으면 하고 후회를 했습니다. 사업의 규모가 작은 개인사업자일수록 매출보다는 이익에 집중해야 한다는 사실을 깨닫고 나서 이를 많은 분들과 공유하고 싶었습니다.

숫자는 거짓말을 하지 않습니다. 있는 그대로를 보여줍니다. 숫자만 생각해도 아프신가요? 조금만 친해지면 됩니다. 그 숫자가 당신의 사업을 흑자구조로 전환시켜 줍니다. 숫자를 장부에 잘 기록하세요. 비고란을 잘 활용하고 계정과목도 잘 선택해서 고정비와 변동비의 구분을 확실하게 하는 것이 좋습니다.

사업을 하면서 사장님이 통제할 수 있는 것은 고정비, 변동비, 가격입니다.

매출이 1% 늘어나면 수익률은 3% 늘어납니다.
고정비를 1% 낮추면 수익률은 2.5% 늘어납니다.
변동비를 1% 낮추면 수익률은 6% 늘어납니다.
가격을 1% 높이면 수익률은 10% 늘어납니다.

가격책정이 가장 어렵고도 중요합니다. 효율적인 장부 관리를 통해 가격 책정 시에 모든 요소를 시뮬레이션해보고 결정하세요. 장부를 기록하는 이유는 세금신고가 아니라 이익을 내기 위해서입니다. 장부를 적어야 하는 이유이기도 합니다.

장부를 적지 않으면 돈을 벌 수 없습니다. 지금도 늦지 않았습니다. 하루에 30분만 장부 기록에 시간을 투자하세요.

어떤 비용을 얼마나 썼는지 잘 기록하면 이익이 눈에 보입니다. 더불어 세금신고까지 편리하게 할 수 있습니다. 세무 대리인은 세무회계만 담당할 뿐 관리회계는 사장님이 직접 해야 합니다.

관리회계를 잘하는 것이 바로 돈을 버는 방법입니다.

3장

개인사업자의 세금신고

세무회계, 세무조정

기업회계상 산정된 이익을 기초로 해서 조세부담 능력의 기준이 되는 과세소득과 세액의 산정에 관한 재무적 정보를 전달하는 기능을 가진 회계를 세무회계라고 합니다.

사업을 위해 매출과 매입, 경비를 지출하면 재무회계에서는 손익계산을 위해서 매출, 매출원가, 판매비와 일반관리비로 구분하여 숫자를 분류합니다.

하지만 세무회계에서는 부가가치세, 종합소득세 계산이 목적이므로 분류가 달라집니다. 가령 부가가치세 납부를 위해서는 매출세액과 매입세액으로 이원화하여 그 차액이 부가가치세 납부 기준이 됩니다.

기업회계와 세무회계는 그 목적부터 차이가 있는데 기업회계는 자산의 과대평가를 금하는 것에 비해 세무회계는 늘 과소평가를 금지하여 공정한 과세에 목적을 두고 있습니다.

기장을 통해서 재무제표를 완성한 다음 세무조정을 통해서 소득세 신고를 합니다. 즉 세무회계의 관점에서 회계를 다시 조정하는 것입니다. 그러므로 세무회계의 정보 이용자는 국가(국세청)가 됩니다.

기업회계기준에 맞게 재무제표가 완성되었어도 국세행정, 공평과세 등을 위해 만든 세법과는 상충하는 부분이 있으므로 이러한 부분을 세법에 맞게 조정하는 것이 세무회계라고 생각하면 됩니다.

세무 대리인을 고용하면 매월 기장료를 주고, 종합소득세 신고 시 조정료를 추가로 지불합니다. 여기서 말하는 조정이란 세무조정을 의미합니다.

◎ 개인사업자 세무대리 보수 기준표

수입금액	월 기장료 (부가가치세 별도)	종합소득세 조정료
1억 원 미만	120,000원	300,000원
1억~3억 원	150,000원	300,000원 + 1억 원 초과액 × 15/10,000
3억~5억 원	200,000원	600,000원 + 3억 원 초과액 × 12/10,000
5억~10억 원	250,000원	840,000원 + 5억 원 초과액 × 10/10,000
10억~20억 원	300,000원	1,340,000원 + 10억 원 초과 액 × 6/10,000
20억~30억 원	400,000원	1,940,000원 + 20억 원 초과액 × 3.5/10,000
30억~50억 원	500,000원	2,990,000원 + 50억 원 초과액 × 2.5/10,000
50억 원 초과	600,000원 ~	

고용한 세무 대리인의 매월 기장료, 종합소득세 신고 시 조정료가 적당한지 묻는 질문들을 자주 접합니다.

식당에서 밥을 먹었는데 비용이 아까운 집이 있는 반면 팁이라도 주고 싶은 집도 있습니다. 스스로가 음식값에 대한 기준이 있기 때문입니다.

세무도 마찬가지입니다. 사업주가 어느 정도 세무상식을 갖추어야 비용의 기준이 정해집니다. 세무상식이 없는 상태에서 지급하는 세무 대리인의 보수가 적당한지 묻는 것은 의미가 없습니다.

신고는 해야 하는데 아는 것은 없으면 그들이 달라는 대로 주는 것이 맞지 않을까요?

너무 쉬운 부가가치세, 종합소득세 계산법

　사업자등록을 하게 되면 세금을 신고 및 납부해야 합니다. 개인사업자가 1년 동안 신고 및 납부해야 하는 세금에는 부가가치세와 종합소득세가 있습니다. 부가가치세는 1월과 7월에 신고 및 납부를 하고(간이과세사업자는 1월에 한 번만 신고, 납부), 종합소득세는 5월에 신고를 합니다(성실신고대상자는 6월에 신고, 납부).

　많은 사장님들이 세금을 계산하는 방법을 대단히 어려워하지만 생각만큼 어렵지는 않습니다.

　"개인사업자의 세금은 번 돈에서 벌기 위해 쓴 돈을 빼는 것이다."

　이것만 기억하세요.

> 부가가치세 = 매출세액(번 돈) - 매입세액(벌기 위해 쓴 돈)
> 종합소득세 = 수입금액(번 돈) - 필요경비(벌기 위해 쓴 돈)

세금 계산이 얼마나 쉬운지 한번 알아볼까요?

커피를 파는 최 사장님이 커피 한 잔을 3,300원(매출 = 매출액 + 매출세액 = 3,000원 + 300원)에 파는데, 한 잔의 재료비가 1,100원(매입 = 매입액 + 매입세액 = 1,000원 + 100원)이라 가정하고 계산을 해보겠습니다(계산의 편리상 소득공제, 세액공제는 생략하고 종합소득세 세율은 6%라고 가정하였습니다). 커피 한 잔의 부가가치세를 계산하면 아래와 같습니다.

> 부가가치세 = 매출세액(번 돈) - 매입세액(벌기 위해 쓴 돈)
> = 300원 - 100원 = 200원

종합소득세도 계산해볼까요?

> 수입금액(매출액) - 필요경비(매입액)
> = 3,000원 - 1,000원 = 2,000원
> 세율이 6%이면 2,000원 × 6% = 120원

커피 한 잔의 부가가치세는 200원, 종합소득세는 120원이 나옵니다(두 세금을 더하면 320원, 커피 한 잔을 3,300원에 판매했으니 대략 10% 정도입니다).

물론 세율이 높다면 종합소득세도 올라갑니다. 소득공제, 세액공제 항목이 많으면 종합소득세는 내려갑니다. 세금 계산법은 어렵지 않습니다. 한글을 일찍이 깨우쳤고 사칙연산만 능수능란하게 한다면 아무런 문제가 될 것이 없습니다.

부가가치세는 단일세율, 종합소득세는 누진세율

부가가치세는 10%의 단일세율을 적용합니다. 그러나 종합소득세는 과세표준의 크기에 따라 6~42%의 세율이 적용됩니다. 그래서 매출액이 같은 사업자라도 순이익이 다르면 세금이 달라집니다.

간혹 사장님들은 이런 이야기를 나눕니다.

"나는 작년 매출이 5억 원인데 종합소득세를 2천만 원가량 납부했어."

그러자 옆의 B 사장님이 자신도 5억 원 정도 매출이 나왔는데 종합소득세를 5천만 원 넘게 납부했다고 말합니다. 그러면서 세무 대리인의 자질을 평가합니다. 종합소득세를 적게 낸 A 사장님은 자신의 세무 대리인의 능력을 칭찬합니다.

왜 이런 일이 발생하였을까요?

바로 순이익이 달라서입니다. 둘 다 매출은 5억 원이라 하더라도 A 사장님은 순이익이 1억 원이었고, B 사장님은 순이익이 2억 원이었습니다. 그래서 A 사장님은 2,022만 원(1,590만 원 + 1,200만 원 × 36%)의 종합소득세를 납부하였고, B 사장님은 5,660만 원(3,760만 원 + 5,000만 원 × 38%)의 종합소득세를 납부하였습니다. 세무 대리인의 자질 문제가 아니라 순이익이 달라서입니다.

여기서 눈여겨봐야 할 것은 순이익은 2배 차이가 나는데 세금은 2배가 넘는다는 것입니다. 그 이유는 종합소득세는 누진세율 구조를 취하고 있기 때문입니다.

세무 대리인을 고용하는 방법 중 하나는 신고대행 수수료를 지불하고 신고만 대행하는 것인데, 보통 부가가치세 신고대행 수수료 10만 원 정도를 지불합니다. 신고대행을 위탁받은 세무 대리인들은 사업주가 제출한 증빙자료를 근거로 신고만 대행합니다.

사업을 처음 시작하는 분들 중에 이런 분들이 제법 있습니다. 사업자 본인의 1년 치 신용카드 내역을 몽땅 출력해서 가져다주는 경우가 있습니다. 그 내역 중에는 사업에 관련된 지출도 있고 개인적인 용도로 쓴 지출도 있는데 과연 세무 대리인이 10만 원 정도의 대행료만 받고 그 귀찮은 작업을 대행해줄까요?

세무 대리인들은 정리가 된 적격증빙(사업에 관련된 지출)만 요구합니다. 그런 이유로 신고대행을 의뢰하는 사업주는 최소한 적격증빙에 대해선 알아야 하고, 적격증빙을 수취하는 방법과 기록, 관리하는 방법 또한 당연히 숙지해야 합니다.

적격증빙을 매입장부 등을 통해 잘 기록해 놓았다면, 그 기록들을 제출해도 신고하는 데는 아무 지장이 없습니다. 세금계산서를 포함한 어떠한 영수증도 줄 필요가 없습니다. 홈택스를 이용해서 셀프 신고를 한 번이라도 해본 경험이 있다면 왜 영수증이 필요 없는지 이해할 수 있습니다. 홈택스 신고든 서식에 의한 신고든 영수증을 첨부해 제출하는 것이 아니라 기록들을 각각의 칸에 맞게 적어 내기만 하면 되기 때문입니다.

세금신고 달력

◎ 개인사업자 세금신고 달력

월	내용
1월	25일: 2기 부가가치세 확정신고/납부
2월	10일: 면세사업자의 사업장 현황신고
4월	25일: 1기 부가가치세 예정신고/납부
5월	31일: 종합소득세 신고/납부
6월	30일: 성실신고확인대상 종합소득세 신고/납부
7월	25일: 1기 부가가치세 확정신고/납부
10월	25일: 2기 부가가치세 예정신고/납부

'과세'는 세무서에서 세금을 부과하는 것을 뜻합니다.

'과세기간'은 종합소득세, 부가가치세 등과 같이 일정한 기간의 과세표준을 계산하게 되는 시간적 단위를 말합니다.

- **종합소득세 과세기간**: 1월 1일~12월 31일
- **부가가치세 과세기간**
  - 제1과세기간: 1월 1일~6월 30일
  - 제2과세기간: 7월 1일~12월 31일

'신고납부 기간'은 종합소득세, 부가가치세를 신고하고 납부하는 기간을 말합니다.

- **종합소득세 신고납부기간**: 5월 1일~5월 31일
- **부가가치세 신고납부기간**: 1월 1일~1월 25일, 7월 1일~7월 25일

이처럼 과세기간과 신고납부기간이 구분되어 있으므로 절세는 신고기간을 앞두고 세무 대리인이 하는 것이 아니라 매입을 하는 순간순간에 해야 합니다. 따라서 매입을 하는 즉시 장부에 기록하는 것이 중요합니다.

이제 현금이 필요 없는 세상이 되어 버렸습니다. 신용카드는 이미 생활 깊숙이 자리 잡았고 휴대폰을 이용해서도 결제가 가능한 세상입니다. 갈수록 편리해지는 이 상황이 세금신고의 관점에서는 마냥 좋지만은 않습니다. 매출이 고스란히 다 드러나기 때문입니다.

공개된 매출(신용카드매출전표, 현금영수증 등)은 국세청에서도 파악이 가능하기 때문에 이를 축소해서 신고하면 세무조사를 받습니다.

매출은 거의 드러나 있고 매장의 포스기를 통해서 쉽게 기록 및 관리가 되기에 크게 신경을 쓸 필요가 없습니다.

그러나 매입은 관리가 필요합니다. 개인사업자의 세금 신고는 번 돈(매출)에서 벌기 위해 쓴 돈(매입)을 빼는 방식입니다. 매출은 이미 투명해졌기에 세금을 줄이는 방법은 매입을 늘리는 방법뿐입니다. 다시 말하면 뺄 수 있는 매입을 해야 합니다. 벌기 위해 돈을 쓸 때 무작정 지출하는 것이 아니고 적격증빙을 수취해야 세금이 줄어듭니다.

또한 날짜별로 잘 기록을 해두어야 합니다.

식당을 예로 들자면 다음과 같이 매입을 기록하면 됩니다.

1/31	A 마트 식자재 구입	50만 원 삼성카드
2/20	A 축산 고기 구입	50만 원 현금(세금계산서)
3/11	A 유통 식재료 구입	50만 원 현금(세금계산서)

장부를 작성하면서 계정을 선택하는 데는 신경을 쓰지만 적요는 대충 쓰는 사장님들이 의외로 많습니다. 회계에 익숙하지 않을수록 적요를 더욱 중요하게 생각해야 합니다. 적요를 다른 사람이 보았을 때도 어떤 거래

였는지 확인이 가능하도록 기록하는 습관이 중요한 장부 작성 요령입니다.

적요를 자세히 적어놓았다면 만약 자신이 선택한 계정이 틀렸다고 해도 기장을 대행하는 세무 대리인의 검토를 통하여 맞는 계정으로 바꿔 쓸 수도 있습니다. 계정이 의심되는 경우라면 적요를 더욱 상세히 적고 비고란을 통해 별도의 표시를 해놓은 뒤 세무 대리인에게 별도의 표시는 계정을 정확히 모르는 것이니 다시 봐달라고 부탁하면 좋을 것입니다.

증빙의 형태를 세금계산서, 신용카드, 계산서 등으로 분류해서 매입장부를 기록하게 되면 추후 세금신고 시 편리합니다. 이런 방식으로 매입장부를 매일 기록해서 관리하여 매월 결산을 합니다. 결산할 때 그달의 매입, 매출, 이익만을 계산하는 것이 아니라 부가가치세까지 계산할 수도 있습니다.

매입장부를 즉시 만들어 볼까요? 사장님의 이익이 한눈에 보이고 세금신고가 한결 편해집니다. 더불어 절세는 덤입니다.

부가가치세, 종합소득세 신고 준비서류

부가가치세 신고는 매출이 거의 다 드러나기에 매입세액공제를 받을 수 있는 적격증빙의 수취가 중요합니다. 부가가치세는 종합소득세와 달리 적격증빙만 매입세액공제가 가능하고 그 항목조차 제한되어 있습니다. 대표적으로 인건비는 부가가치세 신고 시 매입세액공제가 되지 않습니다.

매입세액공제가 가능한 리스트는 다음과 같습니다. 사업자 명의로 전환하지 않은 공과금이 있다면 하루라도 빨리 사업자 명의로 전환해서 세금계산서를 받는 것이 좋습니다.

구분	체크리스트
재료비	식당이라면 식자재 구매, 미용실이라면 재료 구매 등
월세	건물주가 간이과세사업자라면 종합소득세 비용 처리만 가능
공과금	전기, 가스, 인터넷, 휴대전화, 일반전화, 보안업체, 정수기 등

크게 정리하면 부가가치세 매입공제를 받을 수 있는 건 이상이 전부입니다. 인건비는 부가세와는 상관없지만, 직원 등록을 했을 경우에는 종합소득세 필요경비 처리가 가능합니다.

종합소득세는 부가가치세와 달리 소명용증빙도 필요경비 처리가 가능합니다. 그러한 이유로 준비 서류는 부가가치세를 신고할 때보다 많습니다. 준비 서류가 많다는 것은 그만큼 절세의 범위가 넓다는 뜻이기도 합니다.

결론부터 말하자면, 사업에 관련된 모든 서류는 다 준비하면 됩니다. 대표적인 서류는 부가가치세 신고 시 제출하였던 매입자료, 기부금영수증, 청첩장, 간이영수증, 사업에 관련된 보험(화재보험, 자동차보험 등)서류, 관리비 영수증, (건물주가 간이과세사업자라면) 임대료 계좌이체 사본, 가족관계증명서(인적공제 시 부양가족 확인), 부가가치세 신고 시 매입세액공제를 받지 못했던 신용카드 내역서(부가가치세 매입세액공제가 불가능한 차량의 유류비, 수리비 등) 등이 있습니다.

위의 서류가 필요 없는 경우도 있습니다. 추계신고(단순경비율) 대상자는 구비서류가 없더라도 일정 경비율을 인정해주기 때문입니다. 그러므로 사업자 신고 유형을 먼저 파악하는 것이 중요합니다. 간편장부대상자 E, F, G, H 유형은 단순경비율로 추계신고가 가능합니다.

국세청에서는 종합소득세 신고를 앞두고 신고와 관련한 안내문을 각 사업자에게 발송합니다. 안내문은 사업자 주소지로 발송되며, 안내문을 받은 후에는 잘 확인하고 아래의 1, 2번에 해당하는 사업자는 반드시 세무대리인을 통해 신고를 해야 합니다.

1. 개별관리대상자

신고성실도 허위자 및 불성실 신고자의 경우 개별관리대상자로 지정하여 집중관리를 합니다. 이런 안내문을 받은 경우에는 반드시 성실신고를 해야 합니다.

2. A 유형

A 유형 사업자는 다음과 같이 나뉘며, 반드시 성실신고를 해야 합니다.

- **조사 후 신고소득률 하락**: 조사 후 신고소득률이 크게 하락한 사업장으로 세무조사가 끝났다고 불성실하게 신고한 경우 분류됩니다.
- **가공인건비 계상 혐의자**: 인건비 등의 가공계상 혐의가 있는 사업장에 대한 안내문으로 매출대비 급여의 과대계상 등의 혐의가 있다고 판단되는 경우입니다.

- **기타경비 문제사업자**: 일정매출액 이상인 사업자 중 기타경비가 많이 계상된 사업자에 대한 안내문으로 소득세 신고 시 허위, 과대비용을 계상하지 않도록 주의해야 합니다.
- **소득금액조절혐의자**: 인위적으로 소득금액을 조절하는 경우가 없도록 주의해야 합니다.
- **계산서 수수질서 문란자**: 이런 안내문을 받은 경우에는 허위 매입계산서를 수취하여 가공경비를 계상하지 않아야 합니다.

3. B 유형

기장신고자, 전년도에 기장 신고를 한 사업자. 추계대상자가 아닌 한 당해 연도에도 기장신고를 해야 합니다.

4. C 유형

금년도 복식부기대상자 중 전년도 추계신고를 한 사업자. 당해 연도에는 복식부기로 신고를 해야 합니다.

5. D 유형

금년도 기준경비율 신고가 가능한 사업자.

6. E 유형

사업장이 2개 이상이거나 사업소득, 부동산소득이 함께 발생하는 사업자.

7. F 유형

금년도 단순경비율 신고가 가능한 사업자.

8. G 유형

금년도 단순경비율 신고가 가능하나 세액계산은 제외되어 있어서 본인이 직접 계산해야 하는 사업자.

9. H 유형

단일소득 단순경비율 대상자 중 EITC, CTC 안내 대상자.

부가가치세는 간접세

식당을 운영하는 최 사장님이 손님으로부터 음식값 33,000원을 받았습니다. 33,000원은 전부 사장님의 돈일까요?

아닙니다. 손님이 지불한 식대를 '매출 = 매출액 + 매출세액(33,000원 = 30,000원 + 3,000원)' 공식으로 계산해보면, 매출세액 3,000원은 손님의 부가가치세를 잠깐 맡아놓은 것입니다.

매출세액 3,000원은 최 사장님의 돈이 아니고 부가가치세 신고 기간에 납부해야 할 부가가치세입니다. 손님의 부가가치세를 사장님이 받았다가 대신 납부하는 것이므로 간접세라고 부릅니다.

간접세란 납세자와 납세의무자가 다른 세금을 말합니다. 부가가치세의 납세자는 손님이고 납세의무자는 사장님이 되는 것이기에, 손님으로부터 받은 부가가치세를 잠시 맡아두었다가 신고기간에 국가에 납부하는 것입니다.

사장님이 물건을 구입할 때도 마찬가지로 부가가치세가 포함된 가격에 구입하는 것입니다.

33,000원짜리 음식값의 재료비가 11,000원 들어갔다고 가정해봅시다. 재료비 11,000원을 매입 = 매입액 + 매입세액(11,000원 = 10,000원 + 1,000원)으로 풀어보면 사장님 역시 재료를 구입할 때 1,000원의 부가가치세를 포함해 지불한 것입니다.

'부가가치세 = 매출세액 - 매입세액'이란 공식으로 계산할 수 있는데 위의 경우에 부가가치세는 얼마일까요?

부가가치세를 포함한 33,000원을 받았고, 재료를 구입할 때도 부가가치세가 포함된 11,000을 지불하였습니다.

3,000원 - 1,000원 = 2,000원, 손님에게 받은 부가가치세 3,000원(매출세액)을 납부하는 것이 아니고, 재료비에 대한 부가가치세(매입세액)를 빼고 납부하는 것입니다. 그래서 위의 경우에 부가가치세는 2,000원이 됩니다.

부가가치세를 신고하기 위해서는 어떤 방식으로 장부를 적는 것이 효율적일까요?

매출은 집계가 용이하기에 매출세액(매출 ÷ 1.1)은 쉽게 계산할 수 있습니다. 문제는 매입세액을 구하는 것입니다. 부가가치세는 모든 매입세액을 공제받을 수 없습니다. 적격증빙을 수취한 경우에만 매입세액공제가 가능합니다. 그러므로 장부를 기록할 때 적격증빙은 별도로 표기하여 관리해야 합니다.

 초보 사장님: 적격증빙이 무엇인가요?

 택스코디: 부가가치세 신고 시 매입세액공제는 객관적인 증빙으로만 처리되기 때문에 적격증빙을 수취하는 것이 매우 중요합니다.

'적격증빙'은 사업과 관련한 지출을 아래 유형으로 처리했을 때를 말합니다.

- 세금계산서
- 계산서
- 신용카드
- 체크카드
- 현금영수증

한 가지 주의할 점은 일반영수증이나 거래명세서, 간이영수증 등은 부가세신고 때 매입세액공제가 되지 않으므로 반드시 매입 때는 거래 상대방에게 적격증빙을 발급해달라고 요구해야 합니다. 부가가치세 신고를 하는 달이 되면 어김없이 자영업자 인터넷 카페 게시판에는 이런 글이 자주 올라옵니다.

"이번 부가세가 600만 원이나 나왔어요. 통장에 돈도 없는데 큰일입니다."

부가가치세를 매달 계산해서 별도로 관리한다면 목돈 부담이 되지 않을 것입니다. 개인사업자의 세금 계산은 번 돈에서 벌기 위해 쓴 돈을 빼는 구조입니다. 부가가치세에서는 번 돈이 매출세액이 되고 벌기 위해 쓴 돈이 매입세액이 됩니다. 부가가치세를 구하는 계산법은 다음과 같습니다.

부가가치세 = 매출세액 − 매입세액

계산법이 간단하므로 매달 부가가치세를 계산해놓으면 납부할 금액을 예측할 수 있고, 매입 자료가 부족하다고 느낄 경우에는 매입 관리에 조금 더 신경을 쓸 수 있습니다.

예를 들어 장부에 기록된 7월 매출이 1,100만 원이고 매입이 440만 원이라면, 매출세액은 100만 원(매출 × 10/110)이 되고 매입세액은 40만 원(매입 × 10/110)이 됩니다. 그러므로 7월 달 부가가치세는 60만 원(100만 원 − 40만 원)이 됩니다.

평소에 장부를 기록해 매달 매출집계와 매입집계를 해서 매달 부가가치세를 계산해두고, 계산된 금액을 별도의 통장으로 관리하면 부가가치세로 인한 목돈 부담도 줄어들게 됩니다. 좋은 습관들이 쌓이면 절세는 저절로 이루어집니다.

통장 관련 이야기가 나왔으니 알아두면 좋은 습관을 소개할까 합니다. 바로 통장의 여백을 활용하는 것입니다. 사업자의 통장은 입출금에 대한 가장 공신력 있는 증빙자료 중 하나입니다. 이러한 통장을 보다 효율적인 증빙자료로 쓰는 방법은 적요를 적는 것입니다.

사업 규모가 작을수록 한 통장에서 회삿돈과 개인 돈이 같이 쓰이는 경우가 많은데 평소에 연필이나 볼펜으로 적요를 적는 습관이 되어 있다면 통장이 확실한 소명용 장부가 될 수 있습니다.

세무 대리인은 통장의 입금을 무조건 매출대금이 들어온 것으로 생각할 수 있으니 적요가 불분명한 입출금의 적요에는 꼭 주석을 달아놓는 습관을 들이는 것이 좋습니다.

결산, 장부마감

사업연도(개인사업자의 종합소득세 과세기간은 1월 1일부터 12월 31일까지)
동안 기업의 영업활동과 관련한 수많은 거래 기록을 근거로, 기업회계기
준에 따라 일정 시점(개인사업자는 보통 12월 31일)에 기업이 보유하고 있는
자산의 상태, 사업실적, 소요된 원가 등을 작성하기 위한 일련의 과정을
'결산'이라 합니다.

손익계산서의 마감은 회계기간에 발생한 모든 순익과 비용을 모아서 일
시적인 계정으로 만드는 과정입니다. 손익계정의 차변에는 회계기간에 발
생한 모든 비용 계정을 모으고, 대변에는 모든 수익계정의 잔액을 모읍니
다. 이때 차변과 대변의 차이가 당기순손익이 됩니다. 마감을 통해 발생한
당기순손익은 이익잉여금으로 대체됩니다.

재무상태표의 마감은 각 계정의 기말 잔액을 차기의 기초 잔액으로 이월하는 절차를 거칩니다. 이를 이월 기입이라고 합니다. 자산 계정의 경우 기말 잔액을 대변 쪽에 '차기이월 ○○'로 기재합니다. 부채와 자본 계정은 차변 쪽에 기말 잔액을 '차기이월 ○○'로 기재합니다.

재무상태표의 계정을 차기이월로, 손익계산서 계정은 잔액을 0으로 마감하고 동시에 손익계산서의 당기순이익을 재무상태표의 이익잉여금으로 옮겨 적는 것을 '장부 마감'이라고 합니다. 각 계정을 마감하면 다음 회계 기간의 경영활동을 기록하기 위한 준비를 마친 상태가 됩니다.

장부는 세무 대리인만 적는 것이 아니라 누구나 기록할 수 있습니다. 회사 거래의 일기장을 적는다고 생각하면 조금 쉽게 다가갈 수 있습니다. 매일 발생한 거래를 기록하고 그것이 일정 기간 쌓이면 장부가 됩니다. 번 돈을 기록한 장부는 매출장(매출장부), 벌기 위해 쓴 돈을 기록한 장부는 매입장(매입장부)이 되는 것이지요.

장부 작성을 통해서 일정 기간 동안 거래의 흐름을 일목요연하게 살펴볼 수 있습니다. 더불어 장부는 회계 업무의 최종 목표인 재무제표 작성의 전 단계 역할을 합니다. 그러므로 평소에 장부를 잘 기록해놓으면 재무제표를 작성하는 데 무척 효율적입니다.

세무 대리인을 고용하면 대부분 1년에 한 번 결산을 합니다. 종합소득세 신고가 목적이기에 단 한 번만 하는 것이지요.

저는 사장님이 세무 대리인의 고용 여부와 상관없이 매달 결산할 것을 권합니다. 매달 사업장의 매출 합계와 매입 합계를 계산해보세요.

매입은 적격증빙에 의한 매입만 별도로 관리해 앞에서 이야기한 것처럼 부가가치세는 매달 계산해두고 별도의 세금통장을 만들어 놓으면 좋습니다.

장부를 기장해야
받을 수 있는 혜택

장부를 기장하면 아래의 혜택이 있습니다.

- 세무회계의 관점에서는 사업자가 기록한 실제 소득에 따라 적자(결손)가 발생한 경우 소득세를 10년간 소득금액에서 공제할 수 있습니다(부동산임대사업소득에서 발생한 이월결손금은 해당 부동산임대사업소득에서만 공제 가능).
- 감가상각비, 대손충당금, 퇴직급여충당금 등을 필요경비로 인정받을 수 있습니다.
- 장부를 기장하지 않은 경우보다 소득세 부담이 줄어듭니다(무기장 가산세가 적용되지 않고 간편장부대상자가 복식부기로 기장, 신고하는 경우에

는 기장세액공제 가능).

관리회계의 관점에서는 장부기록을 해야 정확한 수익과 비용이 산출됩니다. 사업장의 정확한 손익계산 매출액도 계산이 가능합니다. 더불어 가격이 이렇게 변하면 한계이익은 이렇게 변한다는 이익 시뮬레이션을 통해 이익을 낼 수 있는 상황을 정확하게 예측할 수 있습니다.

장부를 기장하지 않았을 때의 불이익은 다음과 같습니다.

- 세무회계의 관점에서는 적자(결손)가 발생하였을 경우에도 인정을 받을 수 없습니다.
- 무기장 가산세 20%를 추가로 부담해야 합니다.
- 관리회계의 관점에서는 정확한 계산으로 예상되는 매출을 파악해서 하는 할인이 아니기에 매출이 늘어나도 적자가 발생하는 결과를 초래할 수도 있습니다.

개인사업자의 장부 유형은 간편장부대상자와 복식부기의무자로 나뉩니다.

◎ 개인사업자의 업종에 따른 수입금액으로의 장부 작성 기준

업종	간편장부대상자	복식부기의무자
농업, 임업, 어업, 광업, 도매 및 소매업, 부동산매매업(제122조 제1항) 등	3억 원 미만	3억 원 이상
제조업, 숙박업, 음식점업, 전기/가스/증기 및 수도사업, 하수/폐기물 처리 및 환경복원업, 건설업 운수업, 출판/영상/방송통신 및 정보 서비스업, 금융 및 보험업, 상품중개업 등	1억 5천만 원 미만	1억 5천만 원 이상
부동산임대업, 부동산 관련 서비스업, 임대업, 전문과학 및 기술 서비스업, 교육 서비스업, 보건업 및 사회복지 서비스업, 개인 서비스업 등	500만 원 미만	7,500만 원 이상

단, 의사/변호사 등 전문직 사업자는 무조건 복식부기의무자입니다. 세무사, 회계사는 자타공인 세무 전문가입니다. 그들은 세무사 한 명이 세금의 모든 부분을 완벽히 안다는 것은 불가능하다고 말합니다. 의사마다 전공 분야가 다르듯이 세무사도 전문 분야가 있는데 크게 3가지(기장대리, 재산제세, 세무조사)로 나뉩니다.

첫째는 기장대리로, 부가가치세, 원천세, 종합소득세, 법인세 신고를 대리하는 것을 말합니다.

둘째는 재산재세로, 부동산과 관련한 양도소득세 및 상속, 증여세가 해당됩니다.

셋째는 세무조사인데 관련 업무로 인한 매출이 대부분을 차지한다고 합

니다.

꼭 세무 대리인을 써야 하는 상황이 온다면 해당 업무를 전문적으로 처리하는 곳을 찾아가는 것이 좋습니다.

저는 개인사업자는 복식부기의무자로 판정되면 세무 대리인에게 기장 대리 업무를 맡길 것을 권합니다. 그러나 요즘은 회계 프로그램이 좋아져서 복식부기의무자로 판정되더라도 복식부기장부 프로그램을 사용한다면 직접 하는 것도 괜찮습니다.

세법에서는 외부조정대상자로 판정되면 무조건 세무 대리인의 사전 검증을 받도록 규정하고 있습니다.

"언제부터 회계사무실과 거래해야 하나요?"

"기장은 언제부터 맡겨야 하나요?"

사장님이 얼마나 알고 있느냐에 따라 이 질문의 답이 달라질 것입니다. 저는 '외부조정대상자로 판정되면 그때부터 이용하세요'라고 말씀드리고 싶습니다.

단식부기장부의 예시 (간편장부대상자)

부기와 기장은 모두 장부에 기록을 하는 것이라고 보면 됩니다.

부기는 단식부기와 복식부기로 나뉩니다. 단식부기는 일반적인 현금출납부와 비슷하다고 보면 됩니다. 가계부를 기록하듯이 현금의 수입내역과 지출내역을 단순하게 기록하는 것입니다.

기장료를 지급하고 회계사무실에 기장을 맡길 경우에는 복식부기에 의한 기장을 해주게 됩니다. 복식부기는 하나의 거래행위의 원인과 결과를 모두 기록하는 것입니다.

◎ 단식부기장부 예시

단식부기 장부					
일자	수입(원)		지출(원)		잔액(원)
	수입내역	금액	지출내역	금액	
전기이월					1,000,000
8월 1일	매출	500,000	재료 구입	100,000	1,400,000
8월 2일	매출	400,000	비품 구입	100,000	1,700,000
8월 3일	매출	400,000	전기료	200,000	1,900,000

단식부기로 장부를 기장하면 일자별로 수입, 지출, 잔액을 기록하면 됩니다. 국세청에서는 소규모 개인사업자들의 세무업무 부담을 덜어주기 위해 전문적인 세무 및 회계지식이 없이도 쉽게 작성할 수 있는 장부를 보급하고 있는데 그것이 바로 간편장부입니다.

간편장부 작성요령

1. **일자**: 거래일자순으로 수입 및 비용을 기록합니다.

2. **거래내용**: 판매, 구입 등 거래구분, 대금결제를 기록합니다. 1일 평균 매출건수가 50건 이상인 경우 1일 총매출금액을 합산하여 기록해도 됩니다. 매입과 관련한 비용은 건별로 모두 기록해야 합니다.

3. **거래처**: 거래처 구분이 가능하도록 기록합니다.

4. **수입**: 일반과세자는 매출액, 매출세액을 구분하여 금액, 부가세란에 기록합니다. 간이과세자는 부가가치세가 포함된 금액을 금액란에 기록합니다.

5. **비용**: 세금계산서를 받은 경우에는 세금계산서(신용카드)의 공급가액과 부가가치세를 구분하여 금액과 부가세란에 기록합니다. 영수증 매입분은 매입금액을 금액란에 기록합니다.

6. **고정자산 증감(매매)**: 건물, 자동차, 컴퓨터 등 고정자산의 매입액과 부대비용을 기록합니다.

7. **비고**: 거래증빙 유형과 재고액을 기록합니다.

대부분의 자영업자들이 귀찮고 어렵다는 이유로 기장을 세무 대리인에게 맡깁니다. 간편장부는 소규모 사업자를 위해 국세청에서 만든 장부인데 앞에서 설명한 것처럼 날짜별로 매출과 매입을 기록합니다. 따라서 회계지식이 없는 자영업자도 쉽게 작성할 수 있습니다.

간편장부를 기초로 종합소득세 신고를 하면 추계에 따른 무기장가산세가 적용되지 않습니다. 간편장부대상자가 복식부기로 신고를 하면 기장세액공제가 가능합니다.

◎ 간편장부 작성법 예시

① 일자	② 거래내용	③ 거래처	④ 수입(매출)		⑤ 비용 (원가 관련 매입 포함)		⑥ 고정자산 증감		⑦ 비고
			금액	부가세	금액	부가세	금액	부가세	
1/5	의류 매입	댕구리			500,000	50,000			세금계산서
1/6	거래처 접대	유니갈비			50,000				신용카드
1/10	급여	김대리			900,000				
1/12	비품 구입	댕굴유통			30,000	3,000			신용카드
1/15	운반비	알라딘 퀵서비스			20,000				현금영수증
1/20	의류 매출	댕굴상회	900,000	90,000					세금계산서

간편장부를 기장한 경우 종합소득세 신고 절차

1. 간편장부 기장

매일매일의 수입과 비용을 간편장부 작성 양식을 통해 기록합니다.

2. 총수입금액 및 필요경비명세서 작성

간편장부상의 수입과 비용을 총수입금액 및 필요경비명세서의 장부상
수입금액과 필요경비 항목에 기입합니다.

3. 간편장부 소득금액계산서 작성

총수입금액 및 필요경비명세서에 의해 계산된 수입금액에서 필요경비
를 차감하여 소득금액을 계산합니다.

4. 종합소득세 신고서 작성

간편장부 소득금액계산서에 의한 소득금액을 종합소득세 신고서에 기
입합니다.

간편장부를 기장하는 경우에는 관련 증빙을 소득세 확정신고기한이 지난 날부터 5년간 보관해야 합니다. 간편장부대상자가 간편장부를 기장하지 않으면 적자(결손)가 발생해도 인정받지 못하고, 무기장 가산세가 20% 부과됩니다.

 초보 사장님: 간편장부는 어디서 구할 수 있나요?

 택스코디: 가까운 문구점에서 구입하거나 국세청 홈페이지에서 다운받아서 사용할 수 있습니다.

- 국세청 (www.nts.go.kr) ▷ 국세신고안내 ▷ 개인신고안내 ▷ 종합소득세 ▷ 장부기장의무안내 ▷ 간편장부안내

복식부기장부의 예시
(복식부기의무자)

거래가 발생하면 기업의 자산, 부채, 자본의 증감 및 수익, 비용이 발생하는 2가지 측면에 영향을 미치게 되는데 이를 '거래의 이중성'이라고 합니다.

예를 들어 공장을 건설하기 위한 토지 구입 비용을 현금으로 지급했다면 토지 구입으로 인해 회사의 자산이 증가하고, 구입 비용으로 현금을 지불했기에 회사의 자산이 감소합니다. 그러므로 토지를 구입한 것과 현금을 지불한 것, 2가지 측면을 일정한 법칙을 통해 기록합니다.

모든 장부의 원칙은 복식부기장부입니다. 복식부기장부에서 왼쪽을 차변, 오른쪽을 대변이라고 합니다. 그리고 거래의 이중성에 따라 차변과 대변으로 나누어 기록하는 것을 '분개'라고 합니다.

식당을 개업하기 위해 은행에서 1억 원을 대출받고 그동안 모은 돈 5천만 원을 투자했다고 가정해보겠습니다. 총 1억 5천만 원을 투자하여 가게 보증금으로 5천만 원, 설비투자 등으로 4천만 원, 재료 구입으로 1천만 원을 지불했을 경우 이를 분개로 간단히 나타내면 다음과 같습니다.

◎ 개인사업자의 업종에 따른 수입금액으로의 장부 작성 기준

차변		대변	
임차보증금	5천만 원	부채	1억 원
기계장치	4천만 원		
재고자산	1천만 원		
현금		자본금	5천만 원

식당을 오픈하는 날 매출이 200만 원 발생하였고, 구입한 재료 중에 50만 원어치가 소진되었습니다. 그리고 아르바이트 직원에게 20만 원을 지급하였습니다.

이를 차변과 대변으로 분개하면 다음과 같습니다.

수익(매출 2백만 원)이 발생하여 대변에 기록하고 자산(현금 2백만 원)이 증가하여 차변에 기록합니다.

비용(50만 원)이 발생하여 차변에 기록하고 그에 대응한 자산 (재고자산 50만 원)이 감소하여 대변에 기록합니다.

비용(인건비 20만 원)이 발생하여 차변에 기록하고, 그에 대응한 자산(현금 20만 원)이 감소하여 대변에 기록합니다.

차변		대변	
현금	2,000,000	매출	2,000,000
매출원가	500,000	재고자산	500,000
인건비	200,000	현금	200,000

복식부기장부는 회계지식 없이는 작성이 어려워 많은 사장님들이 세무대리인에게 기장을 맡기고 있습니다. 세무사나 회계사에게 기장을 맡기더라도 앞에서 이야기했던 것처럼 직접 재무제표를 확인할 수 있어야 합니다. 쓸 수는 없어도 읽을 정도의 지식만 있으면 충분합니다.

최근 장부관리 프로그램을 사용하는 사장님들이 늘고 있습니다. 장부관리 프로그램은 거의 복식부기로 장부를 관리합니다. 점점 더 쉬워지고 있으니 장부관리 프로그램을 이용하는 것도 좋은 방법이라고 할 수 있습니다.

단, 주의할 점은 프로그램 사용이 처음이라면 기능이 많은 프로그램 보다는 기능이 적은 프로그램을 사용하는 것이 좋습니다. 기능이 많다는 것은 그만큼 프로그램을 숙지하기가 어렵다는 것입니다.

결손금과 이월결손금

결손금이란 당해 연도의 수입보다 지출이 큰 경우의 차액을 말합니다. 보통 사업을 시작하는 첫해에 많이 발생하며 사업 규모가 작다는 이유로 기장을 하지 않는다면 결손금이 발생해도 공제를 받을 수 없습니다. 이것이 장부를 적어야 하는 이유입니다.

기장 작성 의무가 없는 소규모 사업장도 장부(간편장부)를 작성하여 소득세를 신고하면 결손금을 과세기간 종료일부터 10년간 공제가 가능하기에 종합소득세를 줄일 수 있습니다.

이월결손금이란 해당 과세기간의 결손금을 다른 소득금액에서 공제하고 남은 결손금을 말합니다.

사업소득 중 부동산임대업 소득의 결손금 또는 이월결손금은 부동산임대업 소득에서만 공제할 수 있습니다.

기타 사업소득의 결손금이나 이월결손금은 다른 모든 종합소득세에서 공제할 수 있습니다.

예를 들면 기타 사업소득에서 500만 원의 결손이 발생하고 부동산임대업 소득에서 1,000만 원의 소득이 발생한 경우, 종합소득세 계산 시 부동산임대업 소득에서 기타 사업소득의 결손금을 공제한 500만 원이 과세 대상이 됩니다.

반대로 부동산임대업 소득에서 500만 원이 결손이고 기타 사업소득에서 1,000만 원의 소득이 발행하였다면 결손금이 인정되지 않으므로 1,000만 원이 과세대상이 됩니다.

세법에선 부동산임대업 소득을 다른 소득보다 불리하게 취급합니다. 이월결손금은 향후 10년간 이월하여 계속 공제를 받을 수 있습니다. 만약 계속해서 이월결손금이 발생한다면 먼저 발생한 결손금부터 순차적으로 공제됩니다.

결손금과 이월결손금이 동시에 있는 경우에는 아래와 같은 순서로 공제됩니다.

1. 부동산임대업 이외의 사업, 주거용 건물임대업에서 발생한 결손금

2. 부동산임대업 이외의 사업, 주거용 건물임대업의 사업소득 이월결손금

3. 부동산임대업(주거용 건물임대업 제외)의 사업소득 이월결손금

이월결손금을 무조건 공제받을 수 있는 것은 아닙니다. 세법에서는 이월결손금 공제를 받을 수 없는 경우를 아래와 같이 정하고 있습니다.

1. 사업자가 종합소득세 신고를 추계로 하는 경우
2. 국세기본법에 따라 국세부과의 제척기간이 지난 후에 이월결손금이 확인된 경우

장부 및 증빙서류는 종합소득세 신고기한이 지난 날부터 5년간 보관해야 할 의무가 있습니다. 국세부과 제척기간 만료 전에 발생한 결손금을 그 후에 공제하는 경우, 그 결손금이 발생한 과세기간에 대해서는 이월결손금을 공제한 과세기간의 확정신고기한으로부터 1년간 보관해야 합니다.

고정자산의 감가상각법

　작은 공장을 운영하는 최 사장님은 평소 세무 상식이 좀 있는 터라 매입과 매출을 늘 체크하는 좋은 습관을 가지고 있습니다.

　한 해를 마감하는 12월에 현재까지의 매출(번 돈)과 비용(벌기 위해 쓴 돈)을 체크해보니 4억 원의 수익이 발생하였고, 3억 원의 비용이 들어간 것을 확인하였습니다. 최 사장님은 이익 1억 원(수익 - 비용)에 대한 세금을 낼 것이라고 생각해 내년에 구입할 기계 장치(1억 원)를 지금 사면 이익이 0원이 되므로 낼 세금이 없을 것이라고 판단하였습니다.

　과연 최 사장님의 생각이 맞을까요?

　불행히도 틀렸습니다. 세법에서는 고가의 기계장치 등을 고정자산으로 분류하여 한 번에 비용처리를 하지 못하도록 하고 있습니다. 최 사장님의 경우에도 한 번에 1억 원을 비용처리 할 수 없습니다.

고정자산을 구입할 때 들어간 비용은 일정 기간 동안 감가상각의 계산법(정액법, 정률법)에 의해 비용처리가 됩니다. 최 사장님의 경우 5년 동안 정액법으로 감가상각을 하게 되면 매년 2,000만 원의 비용처리가 가능합니다.

초보 사장님: 세법에서는 왜 고정자산을 한 번에 비용처리할 수 없게 하는 건가요?

택스코디: 최 사장님의 경우처럼 기계장치를 구입하면 구입한 그해에 기계장치를 사용하고 버리는 것이 아니기 때문입니다. 사업에 사용하기 위해 구입한 자동차도 마찬가지 이유로 고정자산으로 분류됩니다. 이렇게 자산을 몇 년에 나누어 비용처리하는 것을 감가상각이라고 합니다.

만약 고급 자동차를 구입했다면 자동차는 해가 갈수록 가치가 떨어지게 됩니다. 시간이 가면 갈수록 여러 가지 관련 부품과 소재들이 낡거나 소모되기 때문입니다. 건물이나 기계시설도 마찬가지입니다.

• **감가**: 고정자산의 경우에는 시간이 지날수록 가치가 떨어지는데, 그 가치의 하락을 감가라고 합니다.

• **감가상각**: 가치의 감소분을 자산의 이용으로 보전하는 절차를 말합니다.

• **감가상각비용**: 자산의 이용으로 발생하는 비용을 말합니다.

유형자산은 시간이 흐름에 따라 효용가치가 점차적으로 감소합니다. 이 감소분을 측정하여 비용으로 처리하기 위해 자산의 내용연수에 걸쳐 감가상각비를 체계적으로 측정하기 위해 정액법과 정률법이 사용됩니다.

정액법은 내용연수에 따라 균등하게 감가상각비를 배분하는 방법입니다.

> **정액법에 의한 감가상각비 = 취득금액 ÷ 신고 내용연수**

정률법은 사업 초기에 감가상각비가 많이 계상되도록 하는 방법입니다.

> **정률법에 의한 감가상각비 = 미상각 잔액 × 상각률**
> (미상각 잔액 = 취득가액 - 감가상각 누계액,
> 정률법 상각률 4년: 0.528, 5년: 0.451, 6년: 0.394)

기업이 당해 사업연도에 감가상각비를 비용으로 인정받고 싶다면 장부에 계상하면 됩니다. 결손이 발생하여 추후에 계상하기를 원하면 나중에 장부에 계상할 수도 있습니다.

감가상각비는 임의계상이 가능하기에 세법에서는 과세 형평을 이유로

자산의 종류에 따라 상각방법을 달리 정하고, 내용연수의 범위를 정하고, 상각 한도액을 정해 그 범위 안에서만 비용으로 인정하는 것들이 있습니다. 건물의 경우에는 정률법을 사용할 수 없고 정액법으로만 감가상각을 해야 합니다. 본인 소유의 건물이라면 내용연수를 짧게 30년으로 정하고 정액법을 사용하면 됩니다.

건물 외 나머지 자산은 정액법과 정률법 중 하나를 선택할 수 있습니다. 초기에 감가상각비를 많이 계상하려면 정률법을 선택하고 내용연수도 5년이 아니라 4년으로 단축하면 됩니다.

정액법과 정률법을 사용하여 감가상각비를 계산 및 비교해보겠습니다.

식당에서 사용하는 컴퓨터를 100만 원에 구입했다고 가정하고, 기준 연수는 5년이지만 조기 상각을 위해 내용연수를 4년으로 단축하여 정액법과 정률법으로 계산하겠습니다(정률법의 감가상각률은 52.8% 입니다). 정액법은 내용연수에 따라 균등하게 감가상각비를 배분하는 방법입니다.

> **정액법에 의한 감가상각비 = 취득금액 ÷ 신고 내용연수**
> 1,000,000원 ÷ 4년 = 250,000원

정액법으로 감가상각을 하면 매년 25만 원씩 4년간 동일한 금액으로 감가상각이 됩니다.

정률법은 사업 초기에 감가상각비가 많이 계상되도록 하는 방법입니다.

정률법에 의한 감가상각비 = 미상각 잔액 × 상각률

(미상각 잔액 = 취득가액 - 감가상각 누계액,

정률법 상각률: 4년: 0.528, 5년: 0.451, 6년: 0.394)

1차년도: 1,000,000원 × 52.8% = 528,000원

2차년도: (1,000,000원 - 528,000원) × 52.8% = 249,216원

3차년도: (1,000,000원 - 777,216원) × 52.8% = 117,630원

4차년도: 1,000,000원 - 894,846원 = 105,154원

어느 방식으로 계산을 하든 4년 동안 감가상각의 비용의 합은 동일합니다. 다만 시기만 다를 뿐입니다.

사업 초기에 비용을 더 처리하고 싶다면 정률법이 유리합니다.

4장

개인사업자의 절세

승용차와 사업용 자동차의 세금 비교

 초보 사장님: 자동차도 세금 처리가 가능한가요?

대표자 명의의 자동차를 사업 관련 용도로 사용하면 비용처리가 가능합니다. 자동차를 구입하면 어떤 세금이 부과되는지 살펴보겠습니다.

승용차(개별소비세가 부과되는 차량)를 사면 개별소비세, 교육세, 부가가치세가 붙게 되어 차량 구입금액에 포함됩니다. 2,000cc를 초과한 승용차의 공장도가격을 2,000만 원이라고 가정하고 세금을 계산해보겠습니다.

- 개별소비세: 2,000만 원 × 10% = 200만 원(승용차의 개별소비
  세율은 2,000cc를 초과할 때 10%, 그 이하는 5%)
- 교육세(개별소비세의 30%): 200만 원 × 30% = 60만 원
- 부가가치세: (공장도가격 + 개별소비세 + 교육) × 10%
  = 2,260,000원
- 소비자가격: 공장도가격 + 개별소비세 + 교육세 + 부가가치세
  = 24,860,000원
- 취득세: 부가가치세를 제외한 금액의 7%
  = (24,860,000 - 2,260,000) × 7% = 1,582,000원

2,000만 원짜리 승용차를 구입하면 취득 시 총 세금은 6,442,000원
(개별소비세 + 교육세 + 부가가치세 + 취득세)입니다.

동일한 금액의 사업용 자동차(개별소비세가 부과되지 않는 차량)를 구입하였다면, 개별소비세와 교육세도 없고 부가가치세는 매입세액공제가 가능하기 때문에 취득세만 납부하면 됩니다. 동일한 조건이라고 가정하면 사업용 자동차를 구입했을 때 486만 원이 절약됩니다.

이뿐만이 아닙니다. 사업용 자동차는 통행료, 주차비, 유류비, 수리비, 자동차세, 보험료 등이 사업자의 경비로 인정됩니다. 연간 차량 관련 비용(감가상각비 + 유지비) 1,000만 원까지는 운행일지를 작성하지 않아도 됩니다.

초보 사장님: 개별소비세가 부과되지 않는 차량은 어떤 것이 있나요?

개인사업자가 경차, 9인승 이상의 승합차, 화물차 등을 사업과 관련해 사용할 목적으로 구매하거나 임차할 경우 자동차 수리비와 기름값 등을 지출하면서 부담하는 매입 부가가치세액을 공제받을 수 있습니다.

단 위에 해당하는 차종이더라도 구매한 후 개인적으로 사용하거나 배우자와 자녀 등의 편의를 위해 주로 가정에서 사용한다면 공제받았던 매입 부가가치세를 추징당할 수 있습니다. 그래서 업무용 차량의 비용 인정 기준(자동차보험, 유류비, 렌트비 등)을 마련해 두었습니다.

기준에 따라 차량 관련 비용이 연간 1,000만 원 이하일 때는 운행기록을 작성하지 않아도 전액 비용으로 인정받을 수 있습니다.

 초보 사장님: 카니발을 구입한 부가세 환급을 받고, 1년 뒤에 폐업 이전 했는데 부가세 환급받은 것을 다시 납부해야 하나요? 가게를 옮겨서 다시 간이사업자로 신규 사업자 등록을 한 상태입니다.

폐업 시 부가세신고를 할 때 매출란의 기타 부분(폐업 시 잔존재화)에 기록해야 합니다.

감가상각률은 1과세기간(6개월)당 25%씩 감가상각되어 2년이 경과했다면 따로 신고하지 않아도 됩니다. 위 질문처럼 1년이라면 2과세기간이 경과하였으므로 감가상각률 50%를 적용합니다. 예를 들면 200만 원을 환급받았다면 100만 원을 기타매출로 신고해야 합니다.

영업 목적용 차량이란 차량을 이용해서 직접 수익이 발생하는 업종의 자동차를 말합니다. 운수업자의 운수용 승용차, 자동차 매매업자의 매매용 승용차, 자동차 대여업자의 대여용 승용차, 운전학원의 교습용 승용차, 경비업자의 출동용 승용차 등이 영업 목적용 차량에 해당됩니다.

영업용에 해당하는 경우에는 개별소비세가 과세되지 않는 차량(경차, 화물차, 9인승 이상의 승합차)과 마찬가지로 부가가치세 매입세액공제를 받을 수 있습니다.

그러나 영업용 차량이더라도 영업 외 목적으로 사용하는 경우에는 부가가치세 매입세액공제를 받을 수 없습니다. 가령 렌트카 업자가 렌트카를 사생활에 사용한 경우, 자동차 매매업자가 매매용 자동차를 출장 등 내부 업무용으로 사용한 경우에는 부가가치세 매입세액공제를 받을 수 없습니다.

프랜차이즈 가맹비, 세금계산서 발행 가능 여부

 초보 사장님: 프랜차이즈 치킨집을 준비 중입니다. 본사에 지급하는 가맹비도 세금계산서를 받을 수가 있나요?

　가맹비의 성격이 중요합니다. 가맹비가 재료 공급의 담보 성격으로 받는 보증금이라면 나중에 돌려받기 때문에 세금계산서 발급 대상이 아닙니다.

　그러나 돌려받지 못하는 돈이라면 세금계산서를 발급받아야 합니다. 프랜차이즈 본사의 재료 공급비, 로열티, 교육비 등은 세금계산서를 발급받을 수 있습니다.

예비창업자: 제가 계약하려는 프랜차이즈는 로열티를 매출의 일정 비율로 수수합니다. 주의할 점이 있나요?

로열티를 지급하는 방식이 매출에 대한 일정률을 지급하는 방식이라면, 세무서에서는 로열티 지급액을 기준으로 가맹점의 매출을 역산하여 확인이 가능하기에 세금 신고 시 매출이 누락되지 않도록 주의해야 합니다.

사업상 거래를 할 때 주고받는 영수증에는 세금계산서, 계산서, 간이영수증, 신용카드매출전표, 현금영수증 등이 있습니다. 이 중 세금계산서, 계산서, 신용카드매출전표, 현금영수증을 적격영수증이라고 하여 간이영수증과는 구별됩니다.

세금계산서란 사업자가 재화나 용역을 공급할 때 부가가치세를 거래 징수하고 이를 증명하기 위하며 공급받는 자에게 교부하는 증빙서류로, 사업자등록을 한 일반과세자가 발행합니다. 간이과세자는 세금계산서를 발행할 수 없습니다.

사업자 간의 거래에서는 세금계산서를 주고받는 것이 원칙입니다. 세금계산서의 필수 기재사항은 다음과 같습니다.

- 공급하는 사업자의 등록번호와 성명 또는 명칭
- 공급받는 자의 등록번호
- 공급가액과 부가가치세액

• 작성연월일

간이영수증은 공급받는 자의 등록번호와 부가가치세액을 별도로 기록하지 않는 증빙서류를 말합니다. 간이영수증에는 공급받는 자의 인적 사항이 없으므로 부가가치세 매입세액공제가 불가능합니다.

2008년부터 3만 원이 넘는 거래에 대해서는 원칙적으로 세금계산서나 신용카드 매출전표를 받도록 하고 있습니다. 3만 원이 넘어가면 증빙불비 가산세 2%를 추가하여 종합소득세 신고 시 필요경비 처리가 가능합니다.

배달대행비의 경비처리

초보 사장님: 배달요금이 4,400원일 경우 400원이 부가가치세 매입세액공제가 되는 것 아닌가요? 배달대행업체에서 현금영수증(사업자번호 지출증빙)을 매번 끊었는데, 홈택스에서 조회해보니 아래와 같이 18원밖에 매입세액공제가 되지 않았네요. 4,400원을 지출했는데 매입세액공제가 되는 금액이 왜 18원인가요?

◎ 현금영수증 내역 누계조회(홈택스)

상호	공급가액	부가세	봉사료	매입금액	승인번호
A대행	182	18	4,000	4,200	619006464
A대행	182	18	3,500	3,700	619007392
A대행	182	18	4,200	4,400	619008393
A대행	182	18	3,500	3,700	619008490
A대행	182	18	3,500	3,700	619008899

사업자와 거래를 하기 전에 반드시 거쳐야 할 과정이 부가가치세 포함 가격이 어떻게 되는지 확인하는 것입니다. 앞의 표를 보면 배달대행업체에서는 한 건당 대행기사에게 200원의 수수료를 지급받고, 수수료를 제외한 나머지 금액을 봉사료로 처리하여 배달대행 기사의 수당으로 지급하는 같습니다. 봉사료를 이용한 일종의 꼼수이죠. 배달대행업체에 현금영수증으로 적격증빙 처리를 하는 사장님들은 홈택스에서 꼭 조회해봐야 할 것 같습니다.

위의 경우에는 부가가치세 매입세액공제가 18원이고, 종합소득세 경비처리는 매입금액에서 18원을 차감한 금액이 됩니다.

미용실의 디자이너(프리랜서) 인건비의 경우 매출에서 일정한 비율로 계산되어 성과급의 형태로 지급되므로, 봉사료의 성격을 띠고 있습니다. 즉 미용실 원장의 수입이 아닌 디자이너의 수입으로 볼 수 있습니다.

배달 대행업체의 경우처럼 직원 인건비의 일부를 봉사료로 처리할 경우에는 매출이 줄어드는 효과가 있어서 부가가치세를 상당 부분 절세할 수 있습니다. 봉사료를 매출에서 제외하려면 지켜야 할 세법상의 절차가 있습니다. 유흥주점, 미용실, 음식업 등 개인 서비스업을 운영하다 보면 봉사료를 받을 때가 있는데, 손님이 직원에게 직접 봉사료를 주면 사업자는 음식값만 매출로 신고하면 되므로 별 문제가 발생하지 않습니다.

초보 사장님: 손님이 음식값과 봉사료를 합한 금액을 신용카드로 결제했다면 어떻게 처리해야 할까요?

잘못하면 직원에게 지급한 봉사료에 대해서도 사업자가 부가가치세를 내야 할 수 있습니다. 따라서 술값이나 음식값에 봉사료를 포함하여 받는 경우는 다음과 같이 처리해야 합니다.

1. 세금계산서, 영수증, 신용카드매출전표 등을 발급할 때 용역대가와 봉사료를 구분해서 기재해야 합니다.
2. 구분 기재한 봉사료가 직원에게 지급된 사실을 확인할 수 있어야 합니다.
3. 구분 기재한 봉사료가 공급가액의 20%를 초과하는 경우, 봉사료 지급액에 대하여 5%의 소득세를 원천징수하고 봉사료 지급대장을 작성해야 합니다.
4. 봉사료 지급대장에는 봉사료를 받는 직원별로 신분증 복사본과 직원의 자필로 작성된 성명, 주민등록번호, 주소 등이 기재되어야 하고, 직원이 직접 받았다는 서명이 필요합니다(5년간 보관해야 합니다).
5. 봉사료를 받는 사람이 봉사료지급대장에 서명을 거부하거나 확인서 작성 등을 거부하는 경우, 직원 통장의 계좌이체 등을 통하여 증빙을 갖춰야 합니다.

권리금의 비용처리

 초보 사장님: 식당을 인수하면서 권리금 명목으로 5,000만 원을 지급할 예정입니다. 세금계산서는 따로 받지 않기로 하였는데 세금 처리는 어떻게 해야 하나요?

권리금을 현금으로 지급하지 말고, 상대 사업자 대표자 명의의 계좌로 이체를 하여 소명용 증빙이라도 남겨 놓아야 합니다. 증빙불비가산세를 물더라도 종합소득세 신고 시 비용으로 처리가 가능합니다. 권리금 등의 영업권은 5년간 감가상각을 통해 비용으로 인정받을 수 있기 때문입니다.

> 정액법으로 계산 시 5년간 매년 경비로 인정되는 금액:
>
> 1,000만 원(5,000만 원 ÷ 5)
>
> 종합소득세 세율을 6%라고 가정하였을 때 절세되는 금액: 1,000
> 만 원 × 6% = 60만 원
>
> 증빙불비가산세: 1,000만 원 × 2% = 20만 원

세금계산서를 받지 못하더라도 계좌이체를 하는 경우에는 5년 동안 매년 40만 원(60만 원 - 20만 원)의 절세 혜택을 받게 됩니다. 물론 종합소득세 세율이 더 높다면 절세되는 금액은 더 커집니다. 만약 세금계산서를 받은 경우라면 증빙불비가산세는 부담하지 않아도 되니 위의 경우라면 60만 원 그대로 비용으로 인정됩니다.

권리금은 임대인이 아닌 전 사업주에게 지급하는 돈이어서 임대인 입장에서는 달갑게 여기지 않습니다. 때에 따라서는 이런 권리금에 대한 거래를 방해하는 경우도 있습니다. 이전 상가임대차보호법에서는 임대차 기간이 끝나기 3개월 전부터 임대차 종료 시까지는 임대인이 임차인의 권리금 회수를 방해하지 못하도록 규정하고 있습니다.

상가임대차보호법은 2019년 1월 1일부터 개정되어, 건물주가 임대차 계약 만료 6개월 전부터 임차인이 새로운 임차인을 직접 알아볼 수 있도록 허용해 권리금을 보장받을 수 있는 기간을 확대하였습니다. 만약 권리금 회수보호 기간 안에 임대인의 방해 행위가 있었다면 임대차보호법에

따라 손해배상을 청구할 수 있습니다.

2019년 4월 17일 자로 새로운 상가임대차보호법 시행령 일부 개정안이 발효되었고, 상가임대차보호법이 적용 기준이 되는 환산보증금이 지역별로 증액되었습니다.

 초보 사장님: 환산보증금이 무엇인가요?

상가임대차보호법의 과표가 되는 기준 금액입니다. 계산공식은 '보증금 + (월세 × 100)'입니다.

예를 들어 임차료가 보증금 5,000만 원에 월세 100만 원이라면, 환산보증금은 5,000만 원 + (100만 원 × 100) = 1억 5천만 원이 됩니다.

환산보증금은 서울은 6억 1천만 원에서 9억 원으로, 부산과 과밀억제권역은 5억 원에서 6억 9천만 원으로, 광역시는 3억 9천만 원에서 5억 4천만 원으로, 그 밖의 지역은 2억 7천만 원에서 3억 7천만 원으로 상향 조정되었습니다.

초보 사장님: 환산보증금 내에 속하면 어떤 보호를 받을 수 있나요?

 2018년 10월 16일 이후 계약 및 갱신 시 최장 10년(만기 6개월 전부터 1개월 전까지 갱신요구) 동안 계약갱신요구권을 가질 수 있습니다. 임대차기간 종료 6개월 전부터 종료 시까지 권리금보호 회수기간이 정해집니다. 월세 인상 범위는 5%이고, 확정일자를 받아서 보증금 회수 대항력이 생깁니다(후순위 권리자 보다 우선 변제). 3개월 이상 월 임대료 연체 시 임대인이 계약을 해지할 수 있다는 것도 명심해야 합니다.

판매장려금의 비용처리

 초보 사장님: 우수 대리점에 판매장려금을 지급했는데, 세금 처리는 어떻게 하나요?

사업자가 본인의 재화 판매를 촉진하기 위해 거래하는 사업자의 판매실적(공급 이후)에 따라 재화 또는 용역의 공급 없이 판매장려금을 금전으로 지급하는 경우 당해 판매장려금에 대해서는 부가가치세 신고 시 당초 공급한 과세표준에서 판매장려금 상당액을 공제하면 안 됩니다.

금전으로 지급한 판매장려금은 당초 공급가액에서 공제하지 않으므로 매출환입, 매출에누리와 같은 방식의 처리(수정세금계산서 발급)를 하면 안 됩니다.

결국 매출은 그대로이며 판매장려금(판매촉진비)으로 종합소득세 신고 시 비용처리를 해야 합니다.

 초보 사장님: 매출환입, 매출에누리는 무슨 말인가요?

기업회계기준에서는 매출에누리, 매출환입, 매출할인은 총매출액에서 차감하여 매출액을 계상하도록 하고 있습니다.

매출에누리는 상품을 판매한 후에 수량 부족, 품질 불량 등의 사유로 값을 깎아주는 것이고, 환입은 반품을 뜻합니다. 매출할인은 상품을 구입한 거래처가 할인 기간 내에 상품대금을 지급하면 일정액을 할인해주는 것을 말합니다.

종전의 부가가치세법은 이를 과세표준에서 공제하지 않도록 했기 때문에 매출할인이 있더라도 이를 공제하지 않은 금액으로 세금계산서를 교부하여 손익계산서상의 매출과 차이가 났습니다. 이런 문제점을 해결하기 위해서 매출할인액을 부가가치세 과세표준에서 공제할 수 있도록 법을 개정하였습니다.

광고선전비와
유사비용의 구분

초보 사장님: 복식부기 장부 작성 시 계정과목을 어떻게 처리해야 할지 헷갈립니다. 특히 접대비가 그렇습니다.

장부 작성 시 어떤 계정으로 처리를 해야 할지 혼란스러운 부분 중 하나가 광고선전비와 접대비입니다.

광고선전비는 사업과 관련된 비용으로 인정받아 전액 경비처리가 가능하지만, 접대비는 매출액에 연동된 한도 금액만큼만 비용으로 처리할 수 있습니다.

이해하기 쉽도록 예를 들어 보면, 회사 로고가 새겨진 볼펜을 불특정인에게 나눠주면 그 비용은 광고선전비가 됩니다. 그러나 거래처에 찾아가서 볼펜을 주면 접대비가 됩니다.

접대비는 거래의 원활한 지속이나 개선을 목적으로 특정인에게 지출하는 것을 것이고, 광고선전비는 불특정 다수를 대상으로 판매 촉진을 위해 견본품이나 사은품 등을 제공하는 것을 말합니다.

복식부기의무자로서 계정을 어떻게 처리할지 고민이라면 특정인은 접대비, 불특정다수라면 광고선전비 계정을 이용하면 됩니다.

◎ 광고선전비와 유사비용의 구분

	구분	유사비용 구분
지출 상대	불특정 다수	광고선전비
	특정인	접대비
지출 목적	판매촉진	광고선전비
	거래처와의 원활한 관계 개선의 목적	접대비
업무 관련성	업무관련성 유	광고선전비
	업무관련성 무	기부금
지급기준 및 사전약정	사전약정 없이 불특정 다수에게 지급	광고선전비
	모든 거래처에 동일한 기준 및 약정액에 의해 지급	판매장려금

상품, 제품의 판매촉진을 목적으로 불특정 다수에게 광고 및 선전하는 비용을 광고선전비라고 합니다. 유사비용과의 구분은 위 표를 참고하면 됩니다.

복리후생비의 비용처리

 초보 사장님: 계정과목 중 복리후생비에 대해 자세히 설명해주세요.

　복리후생비란 직원의 복리후생을 위하여 지출하는 비용으로 그 목적은 직원의 근로 의욕을 고취하고, 생산성을 높이며, 직원의 육체적·정신적·경제적 지위를 향상시키고, 근로환경을 개선하는 것입니다.

　복리후생비로 회계처리를 할 때 세무상 인건비에 해당하는 경우가 있으므로 구분하는 것이 중요합니다. 그에 따른 증빙도 달라지기 때문이죠.

　인건비에 해당하는 경우에는 원천징수를 하고 원천징수영수증을 보관해야 합니다. 그 외의 경우에는 자체적으로 지급품위서와 전표를 작성하여 보관하면 됩니다. 지출 비용이 3만 원을 초과하는 경우에는 적격증빙을 수취해야 합니다.

 초보 사장님: 직원의 의료비를 지원한 경우 어떻게 처리해야 하나요?

직원의 의료비 지원금은 복리후생비로 처리하고, 그 비용은 직원의 근로소득에 합산하여 원천징수를 해야 합니다.

 초보 사장님: 회사 내 동호회에 지원한 비용은 어떻게 처리해야 하나요?

복리후생비로 비용처리가 가능하며 동호회에서 사용하였다는 관련 증빙을 보관해야 합니다. 직원에게 지원하는 교육비의 경우에도 복리후생비로 볼 수 있으며 근로소득에 합산하여 원천징수를 해야 합니다.

세법상 비과세 소득으로 보는 학자금에는 교육법에 의한 학교 및 근로자직업능력개발법에 의한 직원능력개발 훈련시설의 입학금, 수업료 등을 등이 있습니다. 예를 들어 직원의 대학원 등록금을 지원한 경우에는 복리후생비로 처리하고, 근로소득으로 보지 않기에 원천징수를 하지 않아도 됩니다. 직원의 경조사비 또한 복리후생비로 처리하며 청첩장 등의 자료를 첨부해 보관하면 됩니다.

접대비의 비용처리

 초보 사장님: 접대비로 쓴 지출은 부가가치세 매입세액공제가 안 되나요?

사업을 하다 보면 접대비 명목으로 백화점에서 구두나 명품가방을 구입할 수도 있고, 거래처 사장들과 친목 도모를 위해 밥이나 술을 마실 수도 있습니다.

접대비란 사업상의 이유로 거래처 등에 선물이나 식대 등을 지출하는 비용을 말합니다. 접대비는 소비 향락적인 지출로 보기에 세법에서는 일정 사용 한도를 정하고 있고, 한도를 초과하는 경우에는 비용처리가 불가능합니다. 또한 부가가치세 매입세액공제도 받을 수 없습니다.

비용에 대한 입증 책임은 납세자에게 있으므로 비용에 관련한 지출결의서나 품의서 등을 작성해서 지출증빙을 남겨두어야 합니다.

초보 사장님: 의류 제조업을 운영하고 있습니다. 거래처에 자체 생산한 의류를 선물하려고 하는데, 세금 처리는 어떻게 해야 하나요?

당사의 제품(원가 10만 원, 판매가 20만 원)을 거래처에 선물했다고 가정하면 종합소득세 신고 시 접대비라는 계정으로 12만 원(원가 10만 원 + 부가가치세 2만 원)을 비용 처리할 수 있습니다.

세법에서는 무상으로 증정했다고 하더라도 제품을 팔았을 때와 같이 해당 제품에 대한 처분 이익만큼 부가가치세를 내도록 규정하고 있습니다.

초보 사장님: 사업의 특성상 출장이 잦고 접대비가 많이 듭니다. 이런 것들은 부가가치세 매입세액공제가 가능한가요?

접대비, 교통비, 비영업용 소형승용차 등의 구입, 임차, 유지비 등은 조세정책적으로 매입세액공제가 되지 않습니다.

조세 정책적으로 부가가치세 매입세액공제를 받지 못하는 경우

1. 접대비 및 이와 유사한 비용의 매입세액

2. 교통비 등 영수증 발행업종 관련 매입세액

3. 비영업용 소형승용차의 구입과 임차 및 유지에 관한 매입세액

4. 간이과세자나 면세사업자로부터 매입한 것

여비교통비의 비용처리

 초보 사장님: 직원의 출장비는 어떻게 세금 처리를 하나요?

　여비교통비의 지출은 '여비교통비 지급규정'을 작성하는 것이 바람직합니다. 지급규정이 있더라도 지출에 대한 적격증빙을 수취해야 하며, 적격증빙을 수취할 수 없는 경우라면 지출결의서, 여비교통비명세서, 출장신청서, 출장계획서 등의 소명용 증빙을 기록해야 합니다.

　국내출장비는 회사의 출장비 규정에 따라 정액으로 지급되어도 필요경비 처리는 가능하나 목적지, 업무내용, 출장비 수령인이 기재된 지출결의서나 여비교통비명세서를 기록 및 보관해야 합니다.

　원칙은 3만 원을 초과하는 경우 적격증빙을 수취해야 하지만 회사 지급규정에 따라 정액으로 지급되는 일비는 적격증빙을 수취하지 않아도 무방합니다.

출장 중 항공 요금, KTX 요금, 고속버스 요금, 철도 요금 등은 세금계산서를 발행할 수 없는 업종이므로 적격증빙을 수취했다 하더라도 부가가치세 매입세액공제는 받을 수 없습니다. 종합소득세 필요경비 처리만 가능합니다.

부가가치세 매입세액공제의 원칙은 세금계산서 수령분에 대한 것입니다. 그 일환으로 신용카드 매출전표 수령분에 대한 매입세액공제와 면세 농산물 등을 매입했을 때의 의제매입세액공제가 있습니다.

즉 세금계산서가 발행되는 업종이어야 부가세가 공제되므로 간이과세 자와 세금계산서 발급금지 업종에는 아무리 신용카드 매출전표를 수령했어도 부가세 매입세액공제가 안 됩니다.

대표적인 세금계산서 발급금지 업종은 전세버스를 제외한 여객운송업, 목욕, 미용, 이발 그리고 입장권 발행사업 등입니다. 이 업종들은 부가세 가 과세되지만 세금계산서 발급금지 업종이므로 부가가치세 매입세액공 제가 안 됩니다. 놀이공원이나 영화관의 입장권도 마찬가지입니다.

실례로 과거 세금계산서 발급금지 업종인 미용실에서 연예기획사 쪽으로 세금계산서를 대량 발급한 적이 있는데, 세금계산서가 모두 무효화되 어 기획사 쪽에서는 매입세액 불공제처리가 된 적이 있습니다.

하지만 음식점 등은 세금계산서 발급 자체를 막아놓은 업종이 아닙니다. 따라서 매입하는 사업자가 세금계산서 발급을 요청하면 발행해줄 수 있어 부가가치세 매입세액공제가 됩니다. 직원이 있느냐 없느냐로 나뉘는 건 사회 통념상의 관점입니다. 직원이 없으면 복리후생비라는 것이 존재할 수 없기에 공제가 안 된다고 하는 것입니다. 세법적인 부분은 아닙니다.

이에 대한 구체적인 법령은 부가가체세법 제46조와 부가가치세법 시행령 제88조에 자세히 나와 있습니다.

부가가치세법 시행령 제88조
(신용카드 등의 사용에 따른 세액공제 등)

법 제46조 1항에서 '대통령령으로 정하는 것'이란 다음 각호의 어느 하나에 해당하는 것을 말한다.

여신전문금융법에 따른 각 목의 것

가. 직불카드 영수증

나. 결제 대행업체를 통한 신용카드 매출전표

다. 선불카드 영수증

공동사업자의 절세

초보 사장님: 현재 사업자등록을 한 상태인데 세무 공부를 하다 보니 종합소득세 절세법에 따라 공동명의를 하게 되면 세금이 적게 나온다고 해서 친구와 함께 공동사업자로 등록하려고 합니다. 사업자등록을 할 때 혼자 가도 되나요?

동업을 할 친구와 같이 세무서에 가는 것이 가장 빠른 방법입니다. 공동사업자 약정서를 작성할 때 지분 비율을 어떻게 나눌지 결정하세요. 각자 신분증과 기존 사업자등록증 원본을 지참하여 사업자등록 정정 신청을 하면 됩니다.

종합소득세는 사람마다 각각 과세하는 개별과세입니다. 그러기에 공동사업자는 지분 비율이 매우 중요합니다. 추후 종합소득세 신고 시 수입금액이 지분 비율만큼 나뉘기 때문입니다.

종합소득세 세율은 누진세 구조(전체 소득금액은 동일해도 둘로 나누면 적용되는 세율이 낮아집니다)이므로 지분 비율만큼 매출이 나눠지면 종합소득세가 줄어들게 됩니다.

공동명의 사업자의 세금 정산법

1. 부가가치세

부가가치세는 세금의 주체가 사업장이므로 공동명의 대표자가 2명이든 3명이든 하나의 사업장을 기준으로 신고 및 납부가 이루어집니다.

2. 종합소득세

종합소득세는 세금의 주체가 개인입니다. 그러므로 한 사업장에서 발생한 수입과 경비를 한꺼번에 처리한 후 각자의 소득분배 비율로 나누어서 소득금액을 계산합니다.

종합소득세는 소득금액이 커짐에 따라 세율이 높아지는 누진세로, 공동명의일 경우에 절세 효과가 있습니다.

개인사업자의 경우 과세표준을 총 7개 구간으로 구분해 세율을 적용합니다. 과세표준금액은 '소득금액 – 소득공제' 금액을 말합니다.

과세표준금액(소득 - 소득공제)	세율
1,200만 원 이하	과세표준금액의 6%
1,200만 원 초과 4,600만 원 이하	72만 원 + 1,200만 원을 초과하는 금액의 15%
4,600만 원 초과 8,800만 원 이하	582만 원 + 4,600만 원을 초과하는 금액의 24%
8,800만 원 초과 1억5천만 원 이하	1,590만 원 + 8,800만 원을 초과하는 금액의 36%
1억 5천만 원 초과 3억 원 이하	3,760만 원 + 1억 5천만 원을 초과하는 금액의 38%
3억 원 초과 5억 원 이하	9,460만 원 + 3억 원을 초과하는 금액의 40%
5억 원 초과	1억 7,460만 원 + 5억 원을 초과하는 금액의 42%

소득금액을 2천만 원이라고 가정하고 계산해보겠습니다.

단독명의: 72만 원 + 800만 원 × 15% = 192만 원

공동명의(각 지분비율 50%)라면 각각 1천만 원의 소득금액이 책정되므로 다음과 같습니다.

공동명의: 1천만 원 × 6% + 1천만 원 × 6% = 120만 원

결과적으로 공동명의를 하게 되면 72만 원의 절세효과를 볼 수 있습니다. 공동명의로 사업을 하는 경우에는 소득금액이 커질수록 절세효과도 더 커지게 됩니다.

비과세 근로소득

 초보 사장님: 상용근로자와 일용직 근로자의 세금 처리는 어떻게 다른가요?

　인건비 신고는 몇 가지로 구분되는데, 흔히 정규직으로 불리는 근로소득자, 아르바이트 개념의 일용직 근로자, 프리랜서에게 지급되는 사업소득 및 기타소득 그리고 퇴직소득 등이 있습니다.

　회계 업무에서 인건비를 지급할 때 인건비 신고를 근로소득으로 해야 할지, 사업소득으로 해야 할지, 또는 기타소득으로 해야 할지 헷갈리는 경우가 종종 있습니다.

　일반적으로 고용관계 계약에 따라 비독립적으로 인적 용역인 근로를 제공하고 지급받은 소득은 근로소득에 해당됩니다.

고용관계 없이 독립된 자격으로 계속해서 용역을 제공하고 지급받는 대가는 사업소득에 해당됩니다.

일시적으로 용역을 제공하고 지급받는 대가는 기타소득에 해당됩니다.

근로소득으로 보는 주요 사례

- 근로계약이 아닌 연수협약에 의해 연수생에세 지급하는 연수수당
- 장기근속 근로자에게 지급하는 금품(포상금)
- 근로자가 근무시간 외에 사내교육을 실시하고 지급받는 강사료
- 퇴직 후 지급받는 성과금
- 근로자파견계약에 따라 파견근로자를 사용하는 사업주가 직접 파견근로자에게 별도로 지급하는 수당 등

근로소득이란 근로계약에 의해 근로를 제공하고 지급받는 대가로 급여, 세비, 상여금 등을 말합니다.

비과세되는 근로소득

- 실비변상적인 급여: 일 숙박료, 여비 등
- 자가용 운전보조금(월 20만 원 이내의 금액)
- 국외 근로소득: 국외에서 근로를 제공하고 받는 금액(월 100만 원 이내의 금

액), 원양어업 선박, 외국항행선박의 종업원이 받는 급여, 국외 건설 현장에서 받는 금액(월 150만 원 이내의 금액)

4. 월 10만 원 이하의 식대

5. 생산직 근로자의 연장시간근로수당 등(월정액 급여가 210만 원 이하이고, 총 급여가 연 2,500만 원 이하인 경우, 연간 240만 원 이하의 수당이 비과세)

6. 기타: 장해급여, 유족급여, 실업급여 등, 근로자 본인의 학자금, 출산, 6세 이하 자녀 보육 수당(월 10만 원 이내의 금액)

예를 들어 300만 원의 급여를 받는 근로자의 경우 본인 소유의 차량을 업무에 사용하면 20만 원의 비과세가 적용되고, 점심 식사를 회사에서 지원하지 않는다면 10만 원이 추가로 비과세되며, 5세 미만의 자녀가 한 명 있다면 또 추가로 10만 원이 비과세 적용됩니다. 따라서 40만 원의 비과세를 제외한 260만 원을 기준으로 원천징수하여 세금을 계산합니다. 4대 보험은 의무 가입입니다. 4대 보험 가입 제외 대상을 제외하고는 의무 가입이 원칙입니다.

간혹 인건비를 경비 처리하기 위해서 원천세만 신고 및 납부하고 4대보험에 가입하지 않아 미납분을 한꺼번에 추징당하는 경우도 있습니다.

초보 사장님: 4대 보험료를 줄일 수 있는 방법은 없을까요?

위의 비과세 급여를 활용하여 4대 보험료를 줄일 수 있습니다. 4대 보험료는 월급에서 비과세 급여를 제외하고 계산되기 때문에 직원의 식대(월 10만 원)나 자가 운전 보조금(월 20만 원), 6세 이하 자녀보육료, 연구 보조비(월 20만 원), 생산직 근로자의 연장근로수당(연 240만 원) 등을 이용하여 급여를 책정하면 4대 보험료를 일부 줄일 수 있습니다.

직원 수가 10인 이하의 개인사업자라면 월평균 급여가 일정 금액 미만인 근로자에 대해 국민연금과 고용보험을 국가에서 지원해주는 두루누리 사회보험 지원사업을 이용하는 것을 추천합니다.

초보 사장님: 맞벌이 부부인 경우 6세 이하 자녀 보육수당은 한 명만 받을 수 있나요?

6세 이하의 자녀를 두고 있는 근로자에게 지급하는 월 10만 원 이내의 보육수당은 비과세입니다. 회사는 보육수당에 관한 규정을 두고 있어야 합니다.

맞벌이 부부의 경우 한 자녀에 대해 각각 월 10만 원의 보육수당을 받을 수 있으며 비과세 처리가 가능합니다.

매출이 크면 법인전환?

 초보 사장님: 매출이 커지면 법인으로 전환하는 게 좋을까요?

 개인사업자의 경우에는 수입금액에서 필요경비를 빼고 소득공제를 받은 후의 금액에서 최저 6%에서 최고 42%의 세율을 곱하여 종합소득세가 결정됩니다.

 그러나 법인사업자는 과세표준에 따라서 최저 10%에서 최고 25%의 법인세율이 적용됩니다. 얼핏 보기에는 법인세율이 종합소득세율보다 낮기 때문에 법인사업자로 전환하는 것이 개인사업자보다 세금을 줄일 수 있을 것으로 보입니다.

 그러나 법인사업자는 이익잉여금에 대해 배당 절차를 거쳐서 주주들에게 분배를 하는데, 배당소득에 대한 소득세 원천징수세율이 14%이므로 주주들의 배당소득세까지 감안하면 개인사업자와 법인사업자 간의 세금 부담은 큰 차이가 없다고 볼 수 있습니다. 여기에 개인 주주 별로 이자와 배당소득을 합해서 연간 2,000만 원이 넘으면 금융소득 종합과세에 해당되어 다른 종합소득과 합산해 소득세를 추가로 부담해야 할 수도 있습니다.

외부에서 주주를 모집해서 법인을 설립하는 경우라면 법인은 법인세만 부담하고 주주들이 배당소득세를 부담하지만, 우리나라의 경우 많은 중소 법인들은 대부분의 주식을 경영자가 소유하고 있기 때문에 법인세와 배당 소득세를 함께 고려하면 세금 부담 측면에서 법인사업자가 반드시 유리하다고 볼 수 없습니다.

자금활용 측면에서도 개인사업자의 경우에는 세금을 낸 후의 소득에 대해서는 자유롭게 인출이 가능하나, 법인사업자의 경우에는 법인자금을 함부로 인출하면 가지급금으로 처리되어 나중에 추가로 세금을 낼 수 있습니다. 심한 경우에는 법인 자금을 횡령한 것으로 간주되어 형사처분을 받을 수도 있습니다.

단순히 종합소득세율보다 법인세율이 낮다는 이유만으로 법인 전환을 고려하는 사장님들이 있습니다.

음식점을 운영하는 최 사장님은 연 매출이 8억 원인데 법인 전환을 고려합니다. 최 사장님이 법인으로 전환하는 순간 늘어나는 부가가치세를 계산해보겠습니다.

개인사업자와 법인사업자는 의제매입세액 공제율과 공제한도에 차이가 있습니다. 각각의 경우에 의제매입세액공제 금액을 계산해보겠습니다.

최 사장님이 개인사업자일 경우에 의제매입세액 공제한도는 과세표준의 45%이고 공제율은 8/108입니다. 8억 원의 45%는 3억 6천만 원이므로 의제매입세액 공제액은 26,666,666원(3억 6천만 원 × 8/108)입니다.

최 사장님이 법인사업자일 경우 의제매입세액 공제한도는 과세표준의 35%이고 공제율은 6/106입니다. 8억 원의 35%는 2억 8천만 원이므로 의제매입세액공제액은 15,849,056원(2억 8천만 원 × 6/106)입니다.

이처럼 법인으로 전환하면 1,081만 7,610원의 부가가치세가 늘어납니다.

이게 다가 아닙니다. 법인사업자는 신용카드 매출세액공제도 받을 수 없습니다(개인사업자도 10억 원을 초과하면 신용카드매출 세액공제를 받을 수 없습니다).

그러므로 신용카드 매출세액공제 1천만 원과 의제매입세액 공제금액의 차이를 더하면 법인으로 전환하는 순간 2천만 원 이상의 부가가치세가 늘어나게 됩니다.

따라서 단순히 법인세율이 낮다고 해서 법인전환을 고려하는 것은 바람직하지 않습니다.

음식점 기준 대표적인 면세품 항목인 농·축·수산물과 임산물, 미가공 식료품(소금, 젓갈류, 단무지 등)의 품목들은 면세품으로 계산서를 받는데, 부가가치세 신고 시 의제매입세액으로 공제를 받습니다. 의제매입세액 공제율과 한도는 다음과 같습니다.

◎ 의제매입세액 공제율(개인사업자 기준)

연 매출	공제율	비고
4억 원 이하	9/109	
4억 원 초과	8/108	

예를 들어 음식점을 하는 김 사장님의 1년 매출이 4억 원이 안 될 경우, 돼지고기를 5,000만 원 매입하고 계산서를 받았다면 약 413만 원(5,000만 원 × 9/109 = 412.8만 원)의 의제매입세액공제를 받을 수 있습니다.

◎ 의제매입세액공제 한도(개인사업자 기준)

연 매출	공제 한도(과세표준의)	비고
2억 원 이하	60%	
2억 원 초과 ~ 4억 원 이하	55%	
4억 원 초과	45%	

예를 들어 연 매출이 8,000만 원인 음식점에서 면세 식자재를 6,000만 원 구입하였다면 의제매입세액이 적용될 수 있는 한도는 6,000만 원 전체 아니라 4,800만 원(8,000만 원 × 60%)이 됩니다.

오랜만에 세무사 친구를 만났습니다. 친구는 소주를 몇 잔 연거푸 마시더니 이렇게 하소연했습니다.

"한 달에 10만 원 남짓 지급하고 나를 경리 부리듯이 대한다. 무언가를 물어보는데 두서가 없어. 아니 답을 할 수가 없는 질문이야. 질문을 하더라도 기본은 좀 알고 물어보면 답이라도 해줄 텐데, 그렇다고 가르칠 수도 없는 노릇이지.

부가가치세 신고기간이라 신고 대행 문의가 많이 들어와. 기간 동안 지출한 카드 내역을 몽땅 가져왔는데 이건 뭐 얼핏 봐도 공제보다 불공제가 대다수야. 거래처 신고하기에도 벅차서 이걸 다 추리는 건 지금은 불가능하다고 해도 막무가내야. '다른 곳에 알아보세요'라는 말이 목구멍까지 차

오른다니까. 그런데 더 기가 차는 건 '5만 원이면 되죠'라는 상대방의 태도야. 적격증빙을 잘 정리해서 줬다면 5만 원에라도 해줬겠지. 주위에 회계 사무실은 계속 늘어나는데 수수료는 10년 전이나 현재나 동일해. 아니, 더 내려갔을걸? 이 일을 계속해야 하나."

'역지사지'라는 한자 성어가 있습니다. 쉽게 풀이하면 다른 사람의 입장에서 생각하라는 뜻이지요. 저는 늘 상대의 입장에서 생각하려고 노력합니다. 소통을 할 때도 역지사지의 자세가 꼭 필요합니다. 소통을 함에 있어서도 역지사지는 꼭 필요한 것이죠.

만약 당신이 세무 대리인이라면 어떤 고객이 좋을까요? 고객이 어떻게 하면 더 신경을 써 줄까요? 역지사지하기 위해서는 어느 정도의 기본 지식은 배워야 합니다. 세무사나 회계사 시험공부 수준의 지식을 쌓으라는 것이 아니라 회계, 세금신고의 기본 상식을 통해서 장부에 기록할 정도의 지식만 있으면 됩니다.

책을 읽어보니 '생각하는 것만큼 어렵지 않구나'라는 생각이 드나요?

세금은 사장님이 아는 만큼 줄어듭니다. 세무 대리인을 고용하더라도 기본적인 사항은 꼭 배워야 합니다. 이번 신고에는 잘 정리된 장부를 제출해보세요. 정확히는 결산 자료(신고 기간의 매입 결산자료, 매출 결산자료)입니다. 그러면 세무 대리인이 하는 일이 확 줄 것입니다. 혹시 아나요? 그들이 기장료라도 줄여줄지.

장부는 사업자가 돈을 벌기 위해서 기록하는 것입니다. 한눈에 번 돈과 벌기 위해 쓴 돈이 파악되니 이익이 눈에 보입니다. 만약 적자가 발생한다면 적자의 발생 이유가 보일 것입니다. 원인을 알면 답을 찾을 수 있습니다. 그렇게 문제점을 찾아서 해결하면 적자를 흑자로 전환할 수도 있습니다.

효율적으로 장부를 기록하면 세금신고도 편해집니다. 매일 기록 후 체크하니 실수가 눈에 띄게 줄어듭니다. 자연스럽게 이익은 늘고 세금은 줄어듭니다. 이것이 바로 절세의 메커니즘입니다.

좋은 습관들이 쌓이면 사장님의 세금도 자연히 줄어듭니다.

사장님의 건승을 기원합니다.